四川省依托家庭农场模式
发展现代生态农业

的现状与扶持政策研究

SICHUANSHENG YITUO JIATING NONGCHANG MOSHI
FAZHAN XIANDAI SHENGTAI NONGYE
DE XIANZHUANG YU FUCHI ZHENGCE YANJIU

谯　薇／著

 四川大学出版社

项目策划：胡晓燕
责任编辑：胡晓燕
责任校对：孙滨蓉
封面设计：墨创文化
责任印制：王　炜

图书在版编目（CIP）数据

四川省依托家庭农场模式发展现代生态农业的现状与
扶持政策研究 / 谯薇著 . — 成都：四川大学出版社，
2021.1

ISBN 978-7-5614-6725-1

Ⅰ . ①四… Ⅱ . ①谯… Ⅲ . ①家庭农场－研究－四川
Ⅳ . ① F324.1

中国版本图书馆 CIP 数据核字（2021）第 017974 号

书　名	四川省依托家庭农场模式发展现代生态农业的现状与扶持政策研究
著　者	谯　薇
出　版	四川大学出版社
地　址	成都市一环路南一段 24 号（610065）
发　行	四川大学出版社
书　号	ISBN 978-7-5614-6725-1
印前制作	四川胜翔数码印务设计有限公司
印　刷	郫县犀浦印刷厂
成品尺寸	148mm×210mm
印　张	3.5
字　数	106 千字
版　次	2021 年 1 月第 1 版
印　次	2021 年 1 月第 1 次印刷
定　价	36.00 元

◆ 读者邮购本书，请与本社发行科联系。
电话：(028)85408408/(028)85401670/
(028)86408023　邮政编码：610065
◆ 本社图书如有印装质量问题，请寄回出版社调换。
◆ 网址：http://press.scu.edu.cn

四川大学出版社
微信公众号

前　言

  本书受四川省社会科学重点研究基地——四川循环经济研究中心 2018 年度项目"四川省依托家庭农场模式发展现代生态农业的现状与扶持政策研究"资助，项目批准号为 XHJJ－1812。

  生态农业是我国农业未来的发展方向，其发展兼顾生态效益与产业经济效益，而家庭农场作为构建现代新型农业经营体系的重要内容，是实施乡村振兴战略的重要微观经营主体。依托家庭农场模式发展现代生态农业，有助于引领我国及四川省现代农业的快速发展，实现农民增收、农业增效与美丽乡村构建。

  本书从乡村振兴战略的总体要求出发，运用循环经济理论、比较优势理论、创新理论、生态经济理论及产业融合理论等相关理论，详细分析了四川省依托家庭农场模式发展现代生态农业的现状和特点，深度剖析了发展中面临的资金、土地、劳动力、社会化服务、产业化程度等主要问题及其成因；并总结国内外发展经验，针对四川省发展实际，提出了一系列发展建议。

  本书根据对四川省依托家庭农场模式发展现代生态农业的现状及问题的研究，设计出推动四川省现代生态农业的发展方案，具体内容包括：制定依托家庭农场模式发展现代生态农业的发展规划，选择重点产业及家庭农场加以扶持，构建多主体投入的资金支持体系，健全土地流转机制，完善农业人才教育体系，健全社会化服务体系，积极组建农业产业化联合体，健全示范家庭农场评定机制及完善相关政策支持体系。

本书运用了丰富的理论及翔实的数据资料,以期填补该领域中对特定区域生态农业发展方面的研究空白,为四川省依托家庭农场模式发展现代生态农业提供参考。

谯 薇

2021 年 1 月

目　录

1

第1章 概 论

1.1 家庭农场和生态农业的国内外研究进展

1.1.1 关于家庭农场的国内外研究进展

1.1.1.1 国内研究综述

2013年，中央一号文件提出要鼓励和支持承包土地向专业大户、家庭农场、农民合作社流转，"家庭农场"的概念首次在政府文件中出现。政府部门对家庭农场的重视与扶持和农业自身转型发展的需要都推动了学术界对家庭农场的研究和探讨，众多学者开始从不同角度研究家庭农场，并取得了较为丰富的成果。现有研究主要集中在以下几个方面：

（1）家庭农场的内涵。

在我国，按照农业部的初步认定标准，家庭农场是指"以家庭成员为主要劳动力，从事农业规模化、集约化、商品化生产经营，并以农业为主要收入来源的新型农业经营主体"。随后，一些学者从不同角度对家庭农场进行了界定。

高强等（2013）指出，家庭农场是实行专业化生产、社会化协作和规模化经营的新型微观经济组织。①

黄新建等（2013）认为，现阶段的家庭农场应当是以家庭经营为基础，以高效的劳动生产率从事农产品的商品化生产活动的经济单位。②

郭庆海（2013）认为，家庭农场的内涵包含三个方面：一是家庭劳动力以农地经营为主；二是家庭收入主要来源于农地经营，并且占据 75% 以上的比重；三是收入水平高于当地农户平均水平。③

赵维清（2014）认为，家庭农场以家庭为单位，具备一定的市场意识、科技意识、创新意识和品牌意识，是一种新型的农业经营主体形式。④

朱启臻等（2014）认为，家庭农场是以家庭成员为劳动力，以农业收入为主要来源的农业经营单位。⑤

何劲和熊学萍（2014）认为，家庭农场是实行专业化生产、规模化经营、社会化服务和企业化管理的新型农业经营主体，具有强大的生命力和可持续发展的前景。⑥

不同学者对家庭农场的定义虽各有侧重，但都能反映家庭农场的共同特征，即家庭经营、适度规模、市场化经营、企业化

---

① 高强，刘同山，孔祥智. 家庭农场的制度解析：特征、发生机制与效应 [J]. 经济学家，2013（6）：48—56.

② 黄新建，姜睿清，付传明. 以家庭农场为主体的土地适度规模经营研究 [J]. 求实，2013（6）：94—96.

③ 郭庆海. 新型农业经营主体功能定位及成长的制度供给 [J]. 中国农村经济，2013（4）：4—11.

④ 赵维清. 家庭农场的内涵及培育机制分析 [J]. 农业经济，2014（11）：73—75.

⑤ 朱启臻，胡鹏辉，许汉泽. 论家庭农场：优势、条件与规模 [J]. 农业经济问题，2014，35（7）：11—17，110.

⑥ 何劲，熊学萍. 家庭农场绩效评价：制度安排抑或环境相容 [J]. 改革，2014（8）：100—107.

管理。

（2）家庭农场发展的影响因素。

陈永富等（2014）通过对浙江省 13 个市的 136 个家庭农场发展情况的调研发现，土地制度、家庭成员素质、农场用工、政府的行政介入及政策导向、产业集中度等都是家庭农场发展的影响因素，并从教育培训、土地制度、政策导向、社会服务、立法保障等方面对家庭农场的良好运行提出有效建议。[①]

孔令成和郑少锋（2016）通过实证检验得出，农场主文化程度、粮食种植补贴能够显著影响家庭农场的经营效率，农场到镇中心的距离与生产效率呈现出显著负相关关系，而农场主年龄、农田块数、农村劳动力非农就业率等变量的影响则是多元的。[②]

蔡颖萍和杜志雄（2016）的研究指出，农场主受过一定教育、接受过培训以及具有一定的从事农业规模经营的年限、加入合作社、被评为示范家庭农场、产品通过"三品一标"认证等因素对家庭农场生态生产行为具有显著的正向影响。[③]

陈楠和王晓笛（2017）将影响家庭农场发展的因素归结为政策环境因素、经济环境因素、社会环境因素和技术环境因素四类。[④]

（3）家庭农场的作用。

房慧玲（1999）认为，适度规模的家庭农场具有较高的劳动

[①] 陈永富，曾铮，王玲娜. 家庭农场发展的影响因素分析——基于浙江省 13 个县、区家庭农场发展现状的调查 [J]. 农业经济，2014（1）：3—6.

[②] 孔令成，郑少锋. 家庭农场的经营效率及适度规模——基于松江模式的 DEA 模型分析 [J]. 西北农林科技大学学报（社会科学版），2016，16（5）：107—118.

[③] 蔡颖萍，杜志雄. 家庭农场生产行为的生态自觉性及其影响因素分析——基于全国家庭农场监测数据的实证检验 [J]. 中国农村经济，2016（12）：33—45.

[④] 陈楠，王晓笛. 家庭农场发展环境因素及优化对策 [J]. 经济纵横，2017（2）：99—103.

生产率和商品率，既能获得经济效益，又能获得社会效益，是我国农业的理想经营形式，是中国农业走向规模经营的重要途径。①

汪威毅和李在永（2001）认为，家庭农场可以克服我国一些公司＋农户、产供销一条龙、农工商一体化组织的缺陷，避免成员间出现经济利益的矛盾，从而实现决策的统一性。②

张敬瑞（2003）认为，家庭农场有利于集约化、专业化、规模化、产业化经营，并且可以通过现代经营管理理念从事生产经营活动，依靠农产品品牌化提高农产品市场和国际竞争力。③

伍开群（2013）运用企业所有权理论对家庭农场进行了分析，认为家庭农场是所有权成本角度上最优的农业组织形式，具有相对于其他农场形式的优越性和生命力。④

郭亮和刘洋（2015）认为，家庭农场可以推动农业经营者的身份转变，解决中国农业兼业化的问题，伴随家庭农场的产生而发展起来的新型职业农民将大幅提升农产品的商品化程度。⑤

王爽爽和许爱萍（2016）指出，我国发展家庭农场建设的意义主要表现在三个方面：一是推动我国农业现代化的进程；二是有利于开展多样化经营，有效增加农民收入；三是有效吸纳农村

①　房慧玲．发展家庭农场是中国农业走向现代化的最现实选择［J］．南方农村，1999（2）：19－20．
②　汪威毅，李在永．建立现代农业生产经营组织模式，提高农业组织效率［J］．山西财经大学学报，2001（1）：40－43．
③　张敬瑞．家庭农场是我国农业现代化最适合的组织形式［J］．乡镇经济，2003（9）：18－19．
④　伍开群．家庭农场的理论分析［J］．经济纵横，2013（6）：65－69．
⑤　郭亮，刘洋．农业商品化与家庭农场的功能定位——兼与不同新型农业经营主体的比较［J］．西北农林科技大学学报（社会科学版），2015，15（4）：87－91，128．

剩余青壮劳动力。[①]

匡新华等（2016）提出，发展家庭农场有利于提高资源综合循环利用的效能；有利于改善农田生态环境条件，提高农产品质量的安全水平；有利于实现社会、经济、生态效益的同步提升，提高农业产业生产力。[②]

屈学书（2016）认为，家庭农场可以通过土地的适度规模经营推动科学技术在农业中的应用，从而进一步提高农业生产力水平。[③]

彭万勇和金盛（2017）认为，基于家庭农场有利于农业生产的集约化、专业化、规模化和产业化经营，可以有效促进土地资源的优化配置。[④]

（4）家庭农场的发展模式。

欧美发达国家的家庭农场起步较早，发展历史较长，经验丰富，已成为典型的农业生产经营形式。其家庭农场的发展模式各具代表性。何劲等（2014）认为，国外家庭农场模式主要形成了以美国为代表的大中型家庭农场发展模式，以法国为代表的中小型家庭农场发展模式和以日本为代表的小型家庭农场发展模式。[⑤]

目前，我国家庭农场的发展还处于探索阶段，各地区根据自身的资源禀赋和要素条件，在坚持宏观环境导向的基础上结合自

[①] 王爽爽，许爱萍. 我国家庭农场发展初期的主要问题诊断及渐成路径 [J]. 农业经济，2016（1）：16-18.

[②] 匡新华，罗列，徐爱琴，等. 家庭农场对现代农业的促进作用及发展对策 [J]. 现代农业科技，2016（7）：327.

[③] 屈学书. 我国家庭农场发展的动因分析 [J]. 农业技术经济，2016（6）：106-112.

[④] 彭万勇，金盛. 农业供给侧结构性改革背景下家庭农场农业技术外包精准扶贫研究 [J]. 江苏农业科学，2017，45（19）：25-28.

[⑤] 何劲，熊学萍，宋金田. 国外家庭农场模式比较与我国发展路径选择 [J]. 经济纵横，2014（8）：103-106.

身的实际情况进行实践，并充分借鉴国外家庭农场的发展经验，形成了各具特色的发展模式。

郭家栋（2017）对比分析了上海松江、浙江宁波、安徽郎溪、河南民权四种家庭农场发展模式的具体实践、实际成效及优缺点，提出这四种模式可以为其他地区家庭农场的发展提供参考和借鉴，但是各地应该按照各自的资源禀赋和经济发展水平，建立相应的家庭农场发展模式。[①]

刘倩（2014）对我国现行的家庭农场的经营发展模式进行了较为全面的总结，主要是"单打独斗"型家庭农场经营模式、"家庭农场＋专业合作社"模式、"家庭农场＋龙头企业"模式、"家庭农场＋专业合作社＋龙头企业"模式。[②]

（5）家庭农场的发展问题及建议。

一些学者在分析我国家庭农场的现状时，发现我国家庭农场发展存在生产规模较小、经营规模差异较大，且收益率低等问题。如岳正华和杨建利的（2013）研究指出，我国家庭农场经营规模差异较大，虽然经营品种逐步增加，经济效益较好，产品市场竞争力较强，发展速度较快，但地区间发展不够平衡。[③]

范传棋等（2013）提出，土地流转问题是发展家庭农场的关键，就目前来看，土地流转关系不稳定、零碎化的问题制约着我国家庭农场规模化、集约化经营目标的实现。[④]

王建华和李俏（2013）认为，我国家庭农场的发展存在融资

① 郭家栋. 中国家庭农场典型模式的比较研究［J］. 学习论坛，2017，33（7）：38－44.

② 刘倩. 共生视角下我国家庭农场经营模式的选择［J］. 台湾农业探索，2014（6）：31－36.

③ 岳正华，杨建利. 我国发展家庭农场的现状和问题及政策建议［J］. 农业现代化研究，2013，34（4）：420－424.

④ 范传棋，谭静，雷俊忠. 培育发展家庭农场的若干思考［J］. 农村经济，2013（8）：91－93.

困难、农业保险制度不健全、支农政策不平衡等困境。①

　　楚国良（2013）提出，我国家庭农场的发展存在土地集中难度大、流转期限难统一、农场认定缺标准、融资贷款受制约、社会服务不健全等问题，这些都制约着我国家庭农场的发展。②

　　王春来（2014）提出，我国家庭农场还存在生产规模较小、土地和劳动生产率偏低的问题，需要通过采取土地和劳动力双重集约生产的方式来解决。③

　　基于目前我国家庭农场发展存在的以上问题，相关学者认为我国的家庭农场在制度安排、配套设施建设等方面还有一定的完善、提升空间。如傅爱民和王国安（2007）认为，培育家庭农场应该大力发展农村基础设施建设，应该在国家财力允许的范围内增加财政支农和农村公共投资的比重，以适应社会主义新农村建设，培育起家庭农场生存的外部条件。④

　　董亚珍和鲍海军（2009）提出，应该建立相应的信息平台以完善家庭农场的发展。建立信息平台应该从三方面着手：一是建立土地交易场所，向相关人员提供有效的土地信息；二是培育以乡镇农经管理部门为主体的非营利性土地流转中介服务组织；三是以农经信息网为依托建立土地流转信息库，及时登记土地相关信息资料。⑤

---

① 王建华，李俏. 我国家庭农场发育的动力与困境及其可持续发展机制构建 [J]. 农业现代化研究，2013，34（5）：552－555.

② 楚国良. 新形势下中国家庭农场发展的现状、问题及对策研究 [J]. 粮食科技与经济，2013，38（3）：22－23，26.

③ 王春来. 发展家庭农场的三个关键问题探讨 [J]. 农业经济问题，2014，35（1）：46－48

④ 傅爱民，王国安. 论我国家庭农场的培育机制 [J]. 农场经济管理，2007（1）：14－16.

⑤ 董亚珍，鲍海军. 家庭农场将成为中国农业微观组织的重要形式 [J]. 社会科学战线，2009（10）：95－98.

高强等（2013）指出，要想发挥家庭农场的优势作用需要借助完整的制度，包括劳动力市场制度、可规模化集中的土地制度与社会化服务制度等。[①]

丁静等（2017）认为，在西部家庭农场发展初期，政府需要以农业补贴为激励手段，对家庭农场的生产经营行为进行指导、规范和管理，运用政府力量保障家庭农场获得收入。[②]

（6）国外家庭农场经营的经验借鉴。

何大明（1999）认为，以色列之所以能在恶劣的农业条件下创造农业奇迹，其主要原因就在于当地家庭农场旺盛的生命力，而这很大程度上依赖于以色列农业产前产后的社会化服务体系的建立和完善。[③]

刘玉满和李静（2005）研究了荷兰现代奶业的发展道路，认为荷兰奶业之所以能够实现由手工劳动向机械作业的转变、由粗放经营向集约经营的转变、由传统技术向现代科技的转变，依靠的就是坚持走家庭农场之路。[④]

徐会苹（2013）详细分析了德国家庭农场的形成特征，认为德国家庭农场的实践证明了家庭农场是现代农业发展中的最优组织形式，德国家庭农场发展中的法律法规、政策、社会服务体系的建立和完善，以及对农场主的培育方式等都可以为我国家庭农

---

① 高强，刘同山，孔祥智. 家庭农场的制度解析：特征、发生机制与效应 [J].经济学家，2013（6）：49-52.

② 丁静，杨扬，王若雪. 我国西部地区家庭农场可持续发展探讨：以成都为例 [J].农村经济，2017（12）：6-10.

③ 何大明. 以色列家庭农场及对中国的启迪 [J]. 周口师范高等专科学校学报，1999（3）：69-73.

④ 刘玉满，李静. 荷兰以家庭农场为基础发展现代奶业 [J]. 中国农村经济，2005（9）：71-77.

场的发展提供经验。①

肖卫东和杜志雄（2015）从荷兰家庭农场的发展经验中得出结论：发展家庭农场既要参照荷兰家庭农场的经营特征，又要考虑中国的基本国情和农情，需要政府的政策支持。②

1.1.1.2　国外研究综述

由于各国的生态资源和社会发展存在差异，家庭农场在世界各地的发展情况存在区别，国外一些学者从不同角度对家庭农场的发展进行了研究。

Raup（1986）强调，家庭农场以一个家庭单位作为控制权主体，对资金、土地和劳工享有控制权。③ Gasson 和 Errington（1993）则从家庭农场从事农业生产劳动总量的角度出发，指出全年农业劳动的家庭作业量比例大于 0.95 的农场被称为家庭农场。④

Sarah 等（2016）基于对全球农业普查数据的研究发现，目前全世界约有 5.7 亿个农场，其中大部分是小型农场，大都采取家庭经营方式。⑤

---

① 徐会苹. 德国家庭农场发展对中国发展家庭农场的启示 [J]. 河南师范大学学报（哲学社会科学版），2013，40（4）：70－73.

② 肖卫东，杜志雄. 家庭农场发展的荷兰样本：经营特征与制度实践 [J]. 中国农村经济，2015（2）：83－96.

③ Raup P M. Family farming：Rhetoric and reality [D]. Minnesota：University of Minnesota，1986.

④ Gasson R，Errington A J. The farm family business [M]. UK：CAB International Wallingford Oxon，1993.

⑤ Sarah K L，Jakob S，Terri R. The number，size，and distribution of farms，smallholder farms，and family farms worldwide [J]. World Development，2016，87：16－29.

1.1.2　关于生态农业的国内外研究进展

1.1.2.1　国内研究综述进展

我国有学者对生态农业的概念、特征、基本模式、必要性、发展的影响因素以及发展措施等进行了探究。

（1）生态农业的概念。

张予等（2015）认为，生态农业的内涵涵盖了可持续发展所倡导的循环、低碳、绿色、高效等方面，其核心应该从单纯追求经济效益的最大化转变为追求经济效益、社会效益和生态效益的全面提高。[①]

骆世明（2017）将生态农业定义为一种积极采用生态友好的方法，全面发挥农业生态系统服务功能，促进农业可持续发展的农业方式。[②]

（2）生态农业的特征。

王洋等（2006）认为，生态农业的特征有：以节约资源、保护环境为前提，以农业科技进步为动力，以保障国家食物安全和人民健康为重点，以可持续发展为目标。[③]

张晓丽（2010）认为，生态农业除具有集合传统农业和有机农业发展过程中积累的优势外，还具有综合性、多样性、时代性、高效性和可持续性等特征。[④]

---

① 张予，林惠凤，李文华. 生态农业：农村经济可持续发展的重要途径 [J]. 农村经济，2015（7）：95-99.
② 骆世明. 农业生态转型态势与中国生态农业建设路径 [J]. 中国生态农业学报，2017，25（1）：1-7.
③ 王洋，李东波，齐晓宁. 现代农业与生态农业的特征分析 [J]. 农业系统科学与综合研究，2006（2）：157-160.
④ 张晓丽. 论我国生态农业的发展特征及模式选择 [J]. 中国集体经济，2010（16）：20-21.

（3）生态农业的基本模式。

张壬午等（1997）提出，生态农业模式是指某一给定的区域或经营单位，实现农业可持续发展的农业生态经济动态模式。[①]

李新平等（2001）认为，生态农业模式按照生态农业建设的区域规模或行政级别可以划分为生态农业市、生态农业县、生态农业乡、生态农业村及生态农业户等。[②]

农业部则提出了十大生态农业模式，分别是北方"四位一体"生态模式、南方"猪—沼—果"生态模式、平原农林牧复合生态模式、草地生态恢复与持续利用生态模式、生态种植模式、生态畜牧业生产模式、生态渔业模式、丘陵山区小流域综合治理模式、设施生态农业模式和观光生态农业模式。

（4）发展生态农业的必要性。

张燕（2010）认为，生态农业是现代农业发展的基本方向，要建立健全我国发展生态农业的保障制度。[③]

张予等（2015）在阐述生态农业的特征和内涵的基础上，指出现代生态农业是农村经济可持续发展的重要途径。[④]

（5）影响生态农业发展的因素。

骆世明（2010）指出，技术体系是支撑现代生态农业发展的必要因素之一，面对不同的生态农业模式需要对单项技术进行时

① 张壬午，计文瑛，徐静. 论生态农业模式设计 [J]. 生态农业研究，1997（3）:3-7.

② 李新平，黄进勇，马琨，等. 生态农业模式研究及模式建设建议 [J]. 中国生态农业学报，2001（3）：87-89.

③ 张燕. 我国发展生态农业的保障制度研究 [J]. 农村经济，2010（5）：102-105.

④ 张予，林惠凤，李文华. 生态农业：农村经济可持续发展的重要途径 [J]. 农村经济，2015（7）：95-99.

间、空间和用量的调整与整合。①

刘朋虎等（2015）认为，建设现代生态农业不仅要实现农业生产手段的科技化，而且要构建一个完善的现代生态农业产业体系，特别是在现阶段，我国的现代生态农业体系构建是推进现代农业建设的核心。②

蔡军和王彬彬（2016）通过分析生态农业的主流经营模式，提出了我国的生态农业发展策略有推进生态农业一二三产业融合发展及强化生态农业经营模式创新的人才支撑等。③

（6）促进生态农业发展的措施。

翁伯琦等（2014）认为，发展生态农业应创新农村新型经营机制，提升农业科技服务水平，强化农业经营队伍建设。④

杨承训和仉建涛（2015）借鉴欧洲"多功能农业"、美国"可持续农业"、日本"环境保全型农业"、韩国"环境友好型农业"及古巴"生态农业"发展的经验，指出我国生态农业发展应注意提升土地质量和机械化水平，关注生态、食品安全与标准化，农业生产加工应采取全程信息化的精准管理。⑤

李新民（2015）认为，在未来的现代生态农业建设中，必须坚持环境同步理念，充分考虑环境资源承载能力与生态保护等问题。⑥

---

① 骆世明. 论生态农业的技术体系［J］. 中国生态农业学报，2010（3）：453－457.

② 刘朋虎，郑祥州，张伟利，等. 现代生态农业产业体系构建与发展对策思考［J］. 福建农业学报，2015，30（1）：85－89.

③ 蔡军，王彬彬. 我国生态农业经营模式创新［J］. 农村经济，2016（8）：35－39.

④ 翁伯琦，赵雅静，张伟利，等. 农业生态文明建设与绿色家庭农场经营［J］. 福建农林大学学报（哲学社会科学版），2014，17（3）：1－5.

⑤ 杨承训，仉建涛. 高端生态农业论：探研中国农业现代化前景［M］. 北京：社会科学文献出版社，2015.

⑥ 李新民. 环境同步理念下的现代生态农业建设［J］. 人民论坛，2015（7）：72.

1.1.2.2 国外研究综述

（1）生态农业的概念。

国外生态农业发展起步较早，生态农业这一概念最早由美国学者威廉姆·奥伯特在 1971 年提出，他发现通过增加土壤腐殖质建立良好的土壤条件就会长出健康的植株，从而避免使用农药。

随后，美国农业部将生态农业定义为，是一种完全不用或基本不用人工合成农药、调节剂和添加剂的生产体系。①

（2）生态农业的必要性。

Lubieniechi（2002）指出，生态农业是具有高度经济效益的现代农业，在生产者和消费者之间形成了一种新的生命哲学。② Fabio（2008）认为，生态农业作为一种被法律确定的农业方式，是人类可持续发展的重要方向。③

（3）影响生态农业发展的因素。

美国农业经济学家约翰·梅尔（1988）基于农业现代化的角度，提出现代农业应升华到高技术性动态农业阶段，要更加重视技术在现代生态农业发展中的作用。④ Jana 等（2017）分析了 1991—2015 年斯洛伐克生态农业的起源和发展，指出生态农业耕地面积以及生态生产加工者人数的增加在这一时期对促进现代生态农业的发展起到积极作用。⑤

---

① 梁志超. 国外绿色食品发展的历程、现状及趋势 [J]. 世界农业，2002（1）：10－12

② Lubieniechi S A. Romanian consumers' behaviour regarding, organic food [J]. British Food Journal，2002，104（3/4/5）：337－344.

③ Fabio C. Ecological agriculture：Human and social context [J]. Sustainable Development and Environmental Management，2008，415－429.

④ 约翰·梅尔. 农业经济发展学 [M]. 何宝玉，王华，张进选，译. 北京：农村读物出版社，1988.

⑤ Jana N, Alena D, L'udmila N, et al. Ecological farming in slovakia and its regional disparities [J]. European Countryside，2017，9（4）：746－768.

此外，各国学者还从不同学科角度对生态农业进行了研究，尤其是将科技创新同农业生产结合起来对生态农业进行的研究。美国学者 John（2002）把土壤健康与全球发展问题联系起来，指出了土壤健康在土地资源可持续管理中的特殊地位。① Thrupp（2000）对农业生态系统的生物多样性和食品安全的关系进行了充分分析，指出了农业生态系统的生物多样性对食品安全的特殊重要性。②

英国学者 Marshall（2002）指出了农田水道、地埂等空闲地是各种昆虫、杂草、小动物和病菌等分布较多的场所，具有重要的生态学作用。③

1.1.3 关于家庭农场同生态农业相结合的国内外研究进展

当前，国内外关于家庭农场同生态农业结合的研究还较少，主要是不同类型家庭农场的生态农业模式以及家庭农场在生态农业中的作用。

1.1.3.1 不同类型家庭农场的生态农业模式

侯世忠等（2014）提出，以种植业为主的家庭农场可以发展适度规模畜禽养殖，将畜禽粪尿经无害化处理就近还田，形成种植业与养殖业一体化的家庭农场生态农业模式。④

宣雄智等（2015）以江苏省南通市海安县的韦春奎大棚蔬菜

---

① John W D. Soil health and global sustainability：Translating science into practice [J]. Agriculture Ecosystems & Environment，2002，88（2）：119-127.

② Thrupp L A. Linking agricultural biodiversity and food security：the valuable role of agrobiodiversity for sustainable agriculture [J]. International Affairs，2000，76（2）：265-281.

③ Marshall E J P. Introducing field margin ecology in europe [J]. Agriculture Ecosystems & Environment，2002，89（1）：1-4.

④ 侯世忠，张志民，孙玉红，等. 关于实施种养结合促进家庭生态农场发展的意见 [J]. 黑龙江畜牧兽医（下半月），2014（18）：22-24.

专业合作社为例，提出种养结合型家庭农场应该发展循环农业模式，以养殖业为种植业提供优质有机肥，种植业为养殖业提供优质绿色饲料。①

唐丽辉（2017）认为，养殖型家庭农场可以将物联网、云计算等新技术与养殖技术相结合，实现养殖的自动化、精细化、信息化、智能化，构建生态养殖模式。②

杨丽和魏洁（2017）以山西省曲沃县为例，选取旺顺种养结合家庭农场分析了种养结合、循环利用的家庭农场推行绿色农业生态发展模式的现状，指出家庭农场是实现农业集约化、发展现代生态农业的重要途径。③

1.1.3.2　家庭农场在生态农业中的作用

胡光志和陈雪（2015）认为，以家庭农场为主体发展生态农业是当代我国农业发展的战略选择，完善家庭农场生态农业相关法律法规的建设是中国特色农业现代化的重要保障。④

胡旺存和秦军（2017）指出，生态农业和家庭农场的结合是新型农业经营主体运用先进的生产理念，使用保护环境的生产方式，为农业和社会带来更多的价值的重要方式。⑤

陈雪（2017）认为，以家庭农场发展生态农业是我国实现小农户和生态农业发展有机衔接的最佳路径选择，家庭农场的适度

---

① 宣雄智，唐蓉，陈军，等. 生态观光体验型家庭农场的循环农业模式研究 [J]. 安徽农业科学，2015，43（35）：79—80，83.

② 唐丽辉. 宁远县"家庭农场"生态养殖模式的构建 [J]. 当代畜牧，2017（27）：57—58.

③ 杨丽，魏洁. 适应新形势发展现代生态农业——记山西省曲沃县旺顺种养结合家庭农场 [J]. 农技服务，2017，34（16）：126.

④ 胡光志，陈雪. 以家庭农场发展我国生态农业的法律对策探讨 [J]. 中国软科学，2015（2）：13—21.

⑤ 胡旺存，秦军. 安徽省生态家庭农场发展策略研究——基于台湾地区的经验 [J].滁州学院学报，2017，19（3）：34—37.

规模经营有利于建立生产者和消费者之间的信任渠道，同时还能减少生产成本。①

一些发达国家虽积累了大量的研究和实践经验，尤其是将生态技术创新同家庭农场生产相结合的丰富经验，但各国国情存在差异，因而这些发达国家的相关经验并不能完全适用于我国的发展实际。

综上所述，虽然国内外学者对家庭农场、生态农业的研究较为丰富，将二者结合起来进行的研究也在不断深入，但强调家庭农场作为产业主体地位的研究还不够全面、系统，且存在研究方法综合性不足、研究应用性和普适性不强等问题，对实践尤其是特定区域实践的指导还存在可提升的空间。

笔者基于对国内外相关文献的梳理，结合四川省当地的发展实际，认为新时代背景下，采用家庭农场的发展模式有助于大力推动现代生态农业的发展。为此，拟从经济学、管理学、社会学等多学科融合的角度对以上课题展开研究，分析四川省依托家庭农场发展现代生态农业的基础条件和发展现状、特点，及存在的主要问题与制约因素，并借鉴国内外运用政策扶持发展家庭农场的经验，提出促进四川省依托家庭农场发展现代生态农业的政策建议，以此补充以往研究的不足。

1.2　国内有关家庭农场和现代生态农业的相关政策

近年来，中央和地方政府陆续出台了一系列政策文件，支持我国家庭农场等新型农业经营主体发展壮大，同时，随着"绿色发展"新理念的提出，现代生态循环农业越来越受到人们的关

① 陈雪. 农户与生态农业发展有机衔接的路径分析〔J〕. 四川行政学院学报，2017（6）：79—82.

注，国家也开始从制度层面对其发展进行引导和规划。

笔者梳理了 2013—2017 年中央和地方相关文件（会议）中支持家庭农场发展的内容，见表 1-1。

表 1-1　中央和地方相关文件（会议）中支持家庭农场发展的内容
（2013—2017 年）

	年份	文件（会议）	支持家庭农场发展的内容
中央	2013	2013 年中央一号文件	鼓励将更多的土地承包给家庭农场等具有大规模生产能力的农业组织
	2014	《农业部关于促进家庭农场发展的系列指导意见》	具体介绍了家庭农场的概念及其发展意义，构建了成套化的家庭农场经营服务的标准体系等
	2014	《关于全面深化农村改革加快推进农业现代化的若干意见》	指出发展多种形式规模经营、扶持发展新型农业经营主体是构建新型农业经营体系的发展途径，提出应按照自愿原则开展家庭农场登记
	2015	《中共中央　国务院关于加大改革创新力度加快农业现代化建设的若干意见》	积极支持适度规模化的家庭农场建设，根据实际情况确定规模化的方式
	2015	中国共产党第十八届中央委员会第五次全体会议	要求构建多元化的农业经营方式，加快形成现代化的农业生产经济
	2016	《中共中央　国务院关于落实发展新理念加快农业现代化实现全面小康目标的若干意见》	满足现代新型农业经营主体的要求，指引发展土地经营权的规范化流通方式
	2016	安徽省凤阳县小岗村农村改革座谈会	指出农村改革要处理好土地和农户的关系，要积极引导多元化的农业经营方式，形成新的经营结构
中央	2017	《中共中央　国务院关于深入推进农业供给侧结构性改革加快培育农业农村发展新动能的若干意见》	强调完善家庭农场认定办法，扶持规模适度的家庭农场
	2017	《农业部关于推进农业供给侧结构性改革的实施意见》	提出要完善家庭农场认证办法和名录制度，健全并规范示范家庭农场的评定机制

17

	年份	文件（会议）	支持家庭农场发展的内容
各地	2013	《浙江省人民政府办公厅关于培育发展家庭农场的意见》	扎实开展全省家庭农场示范创建活动，加快构建新型农业经营体系
	2013	《安徽省人民政府办公厅关于培育发展家庭农场的意见》	提出要大力加强对家庭农场主的培训，从土地流转、基础设施、农业保险等方面指导扶持家庭农场发展
	2013	《重庆市农业委员会关于培育发展家庭农场的指导性意见》	明确了家庭农场的定义、基本条件、示范家庭农场的生产经营规模标准及扶持措施
	2014	人行武汉分行与湖北省农业厅联合印发《关于实施新型农业经营主体主办行制度的意见》	提出要加大对家庭农场的资金扶持力度，以县域为单位，不同银行负责不同的服务对象，更有效地提供金融支持
	2014	《上海市农委关于推进本市粮食生产家庭农场发展的通知》	明确要求在全市全面推广松江经验，大力发展粮食生产家庭农场，确保粮食保有量
	2013	江苏省工商行政管理局出台了《关于充分发挥工商注册登记职能 做好家庭农场登记工作的意见》	指出家庭农场应根据自身条件和需要，自主决定申请资格登记，并需要具备一定的土地经营规模和满足批准条件的经营范围
	2014	《成都市人民政府办公厅关于加快推进家庭农场发展的指导意见》	提出要开展示范家庭农场评定，创新农村土地经营权流转机制，引导各类农民合作社与家庭农场建立利益连接机制，鼓励发展多种经营发展模式
	2017	湖南省财政厅、湖南省农业委、湖南省扶贫办联合下发《关于全面推进新型农业经营主体贷款保证保险工作的通知》	提出要开展试点工作，以促进财政金融有效联动，缓解新型农业经营主体"融资难、融资贵"的问题

　　注：表中内容为作者根据相关文件整理后所得。

　　笔者梳理了2006—2018年中央和地方关于生态农业的相关政策文件及相关内容，见表1－2。

表 1-2　中央和地方关于生态农业的相关政策文件及相关内容

（2006—2018 年）

	年份	政策文件	相关内容
中央	2006	《全国生态农业建设技术规范》	指导生态农业建设，促使我国生态农业走上制度化、规范化的道路
	2015	《中华人民共和国食品安全法》	要求农业生态化，在源头形成有效的食品安全管理机制
	2015	《全国农业可持续发展规划（2015—2030 年）》	提出优化调整种养业结构，积极发展"稻鱼共生""猪沼果"等生态循环农业模式，到 2020 年，国家现代农业示范区和粮食主产县基本实现区域内农业资源循环利用
	2016	《发展改革委　农业部　林业局关于加快发展农业循环经济的指导意见》	提出到 2020 年，建立起适应农业循环经济发展要求的政策支撑体系，基本构建起循环型农业产业体系
	2016	《农业综合开发区域生态循环农业项目指引（2017—2020 年）》	提出在 2017—2020 年期间，建设约 300 个区域生态循环农业项目，积极推动资源节约型、环境友好型和生态保育型农业发展
	2016	《全国农业现代化规划（2016—2020 年）》	提出建设 300 个种养结合循环农业发展示范县，促进种养业绿色发展，发展以沼气为纽带的生态循环农业
	2016	《建立以绿色生态为导向的农业补贴制度改革方案》	提出以改革完善现有补贴政策为切入点，从制约农业可持续发展的重要领域和关键环节入手，突出绿色生态导向
	2017	《关于创新体制机制推进农业绿色发展的意见》	提出要建立低碳、循环、高效的加工流通体系，探索区域农业循环利用机制，实现融合循环发展
	2017	《种养结合循环农业示范工程建设规划（2017—2020 年）》	提出到 2020 年，建成 300 个种养结合循环生态农业发展示范县，探索不同地域、不同品种的典型模式
	2018	《农业农村部　财政部关于实施绿色循环优质高效特色农业促进项目的通知》	提出要通过实施绿色循环优质高效特色农业促进项目，加快形成绿色优质特色农产品生产、加工、流通及销售的产业链

	年份	政策文件	相关内容
各 地	2016	《上海市现代农业"十三五"规划》	提出构建以种源、粮食生产、区域生态人文建设等为一体的高效生态循环农业体系，着力打造长三角现代农业集聚发展辐射基地、全国领先的生态循环农业示范基地
	2016	《湖北省农业发展"十三五"规划纲要》	提出要加快建设一批生态、循环、高效农业示范县，构建"主体小循环、园区中循环、县域大循环"的生态循环农业体系，重点推进四湖流域、汉江流域发展生态循环农业
	2016	《湖南省"十三五"农业现代化发展规划》	提出要推广生态循环农业模式，预计到2020年，扶持资源综合利用生态农业示范场50个
	2016	《河北省现代农业发展"十三五"规划》	提出将黑龙港流域打造成生态节水循环农业区，加快种养结合的生态模式建设，到2020年，创建2个种养结合生态循环绿色农牧业试点、200个示范园区
	2016	《山西省"十三五"现代农业发展规划》	实施生态养殖模式改造工程，扶持改造40个循环农业示范区，推广生态型复合种植，发展"猪沼果"、林下经济等生态循环农业模式
	2016	《福建省"十三五"现代农业发展专项规划》	发展循环农业，促进种养循环、农牧结合、农林结合，建立多物种共处、多层次配置、多级质能循环利用的生态农业体；推广牧沼果、稻鱼蛙、鱼虾贝藻等立体种养模式
	2017	《宁夏回族自治区现代农业"十三五"发展规划》	突出农牧结合、种养循环，形成种养互动的绿色循环链，发展以沼气为纽带的生态循环农业工程建设，建设农业可持续发展试验示范县、示范乡镇
	2017	《四川省农业厅关于加快发展稻渔综合种养的指导意见》	提出发展稻渔综合种养的现代生态循环农业新模式，到2020年底，全省稻田养鱼总面积达500万亩，综合效益达300亿元

续表1-2

	年份	政策文件	相关内容
各 地	2017	《安徽省"十三五"种植业发展规划》	提出推进"稻鱼共生"、种草养禽(畜)等循环农业试点,推进发展县域生态农业大循环、现代农业示范区生态中循环、企业主体的生态小循环
	2017	《广东省农业现代化"十三五"规划》	提出发展种养结合、种地养地结合、林下立体经营等生态循环农业,到2020年,在国家和省级现代农业示范区基本实现农业资源循环利用
	2017	《共同推进海南生态循环农业示范省建设合作备忘录》	提出在"十三五"期间实行省部共建,以生态循环农业作为转变海南农业发展方式的重要方向,建立农业生态循环体系,将海南打造成为全国生态循环农业示范省
	2018	《甘肃省循环农业产业发展专项行动计划》	提出创新推广以秸秆和畜禽粪便利用为纽带的生态循环农业技术和模式,突出打造一批生态循环农业示范样板和亮点

注:表中内容为作者根据相关文件整理后所得。

1.3 研究意义

党的十九大报告明确提出,实施乡村振兴战略是我国建设现代化经济体系的重要内容,要坚持农业农村优先发展,按照产业兴旺、生态宜居、乡风文明、治理有效、生活富裕的总要求,加快推进农业农村现代化。当前,我国乡村面临青壮劳动力外流、土地荒芜、乡村传统文化难以传承、环境污染加剧等问题,乡村振兴、产业振兴、生态振兴任务十分艰巨。

家庭农场作为我国新时代现代农业生产发展的重要主体,和生态农业结合的重要性表现为生态农业更加关注生态效益和人类可持续发展的农业生产理念和生产方式,而必要性则表现为二者的结合有助于缓解我国农业快速发展带来的环境问题，早日实现农业现代化。

本书正是基于上述现实需求，选题具有重大的理论意义和现实意义。

在理论研究方面，本书围绕乡村振兴战略的总体要求，从经济学、管理学、社会学多学科融合研究的角度出发，对我国现代生态农业在发展过程中如何充分发挥家庭农场主体作用的理论和实践进行了深入探究，分析了家庭农场在现代生态农业发展中的作用，系统探究了四川省家庭农场发展的现状特点与主要问题，并结合四川省省情提出了四川省依托家庭农场模式发展生态农业的具体建议，完善了相关领域研究。

在应用价值方面，本书旨在准确把握乡村振兴战略的总体要求，针对四川省发展实际，设计兼具科学性与系统性的基于家庭农场模式的生态农业发展方案，以推动"三农"问题的解决与城乡一体化目标的实现。

第 2 章　基本内涵与理论基础

2.1　概念界定

2.1.1　家庭农场的概念

家庭农场是指主要依靠家庭成员，从事农业规模化、集约化、商品化生产经营的新型农业经营主体。①

2.1.2　现代生态农业的概念

现代生态农业是农业发展的新形态，涵盖"种、养、加、销、旅"等产业环节，具有基本农产品供给、生态食品加工、生态艺术、生态教育、生态旅游等综合功能。

专栏　都市农业——一种新型生态农业发展模式②

一、都市农业的特点与作用

都市农业是指地处城市周边区域，依托大城市的各种要素资源，开展产业化生产，为都市提供优质农产品和服务的现代生态

---

① 资料来源于《农业部：家庭农场认定标准扶持政策制定工作启动》，2013.

② 谯薇，张嘉艺. 我国都市农业发展困境及对策思考 [J]. 农村经济，2017（3）：61-65.

农业。

都市农业作为依托城市要素禀赋发展起来的农业生产与经营方式，既受制于城市经济发展水平和居民消费水平，同时服务于城市居民需求。其主要特点表现为城乡融合性、功能多样性与生产要素集约性。

第一，城乡融合性是指伴随着城市化的进程，城市与农村互相渗透，都市建设与生态农业相互依存而发展。

第二，功能多样性体现在都市农业除了通过提供优质农产品和服务实现传统的经济功能外，还通过开展休闲旅游农业进一步提升经济效益。都市农业不仅具有经济功能，还兼有社会功能和生态功能，有助于增加城乡居民的就业机会，发挥农业的文化教育作用，保护城市的生态系统。

第三，生产要素集约性是指都市农业的生产要素具有资本、科技、人才的高度密集性，其生产经营充分利用城市资金、科技和人才优势，实现生产方式的专业化与规模化发展，实现产供销的一体化经营，积极推动都市农业的产业链一体化发展。

都市农业是一种新型生态农业发展方式，它对于推动农业产业结构转型升级、提升农业经济效益、实现农业的社会价值和生态价值具有积极的促进作用。

1. 有利于推动农业产业结构转型升级

都市农业形成了具有产业融合性的发展模式，这对促进农业产业结构的转型升级提出了新的要求：既要加强产业内部各部门之间的合作关系，促进产业融合，实现都市农业的合理化发展；又要重视推动相关产业环节的建设，形成产供销一体化，提升产业附加值，因此有利于推动农业产业结构的转型升级。

2. 有利于提升农业经济效益

都市农业通过提供有机蔬果等农产品提高了农产品的质量，通过发展直供农场实现了从田间直达餐桌的农产品供应链，通过开发休闲旅游农业和观光农业、建设大型果蔬花卉等采摘观赏农园，提升了农产品及服务的经济效益。

3. 有利于实现农业的社会价值和生态价值

都市农业为城市人口和近郊农民提供了方便的就业岗位，有利于吸纳更多的城乡劳动力就业与提高城乡居民的就业率。同时，都市农业的休闲观光业态能够让市民参观农业生产，体验农业文化，发挥了传承乡村文化的教育作用。

都市农业还具有重要的生态价值。作为城市生态系统的有机组成部分，都市农业通过提升植被覆盖率，起到了涵养水源、调节气候的作用。它提升了人们生存居住的环境质量。因此，都市农业有助于改善自然环境、维护生态平衡，构建都市与农业共生的可持续发展的生态环境。

二、我国都市农业发展现状特点及面临的问题

1. 我国都市农业发展现状特点

（1）产业发展规模不高

都市农业在我国正处于发展的初期阶段，形成了多样化的生产经营方式，包括城市空间农业、休闲旅游农业、园艺景观农业、高科技绿色农业以及会展农业等多种发展模式，呈现出百花齐放的姿态。虽然方式多样，但都市农业整体发展规模不大，大多是传统种植业、畜禽养殖业等行业的大型生产基地和加工企业。许多城市的都市农业的发展还没有形成体系。

（2）地区分布不均衡，发展水平有差异

现阶段，我国发展较好的都市农业主要集中在东部地区，西部发展水平还较低。对于都市农业的探索实践也主要集中在京津地区、环渤海经济带、长三角城市群以及珠三角城市群等城市化水平较高的地区。都市农业具有东西发展不均衡的区域特点。

（3）发展潜力

目前，尽管我国都市农业产业发展总体规模偏小、区域发展

不均衡，但我国都市农业的发展潜力巨大。原因在于：一是城市的科技支撑条件好。随着我国国家创新战略的实施，乡村振兴战略的出台以及生态建设步伐的加快，农业科技创新成果和人才不断产生，支持都市农业集约化发展的科技基础日益增强。二是区位优势好。都市农业地处城市周边地区，交通便利，城市消费市场需求大，具有明显的产业发展区位优势。三是我国有着环境资源优势。我国地大物博，自然资源丰富，农业发展历史悠久，发展多样化农业、城市新型农业的潜力巨大。

2. 我国都市农业发展面临的问题

（1）产业地区发展不平衡

都市农业的发展水平取决于城市经济发展水平和居民消费能力水平。在城市经济发展水平和居民消费能力水平都较高的京津地区和东部沿海地区，由于区域经济产值高，消费意识趋于健康化、生态化，对生态农产品的市场需求大，都市农业具备良好的市场优势，因此出现了都市农业在中东部地区发展好于西部地区的现象。

我国西部内陆城市，由于经济发展总体水平较低，城市消费群体对于绿色健康农产品的需求总量低于东部沿海地区，同时，西部地区的现代农业科技推广普及水平较低，都市农业发展缺乏更好的支撑条件，造成西部地区都市农业发展落后于东部沿海地区。

（2）都市农业的创业企业规模小

目前，虽然大多都市农业企业把握住了市场对城市生态农产品的消费需求，但多数以小型创业团队的形式存在，企业规模小，盈利水平低，龙头企业更是缺乏。因此可以说都市农业还没有形成规模化发展。

同时，原有的农业重点企业、龙头企业多数以农产品的精深加工、畜牧产品的养殖加工为主，普遍缺少绿色健康发展理念。

（3）都市农业发展受到土地、资金、技术等要素稀缺的影响

首先，在土地供应方面，根据 2010 年 9 月《国土资源部农业部关于完善设施农用地管理有关问题的通知》（国土资发〔2010〕155 号），都市农业用地中有关农业生产的部分属农用地，按照规定以农用地进行管理；涉及农产品加工、观光农园、休闲旅游农业的用地，则不属于设施农用地的范围，按非农建设用地管理。但随着城市化快速推进，非农建设用地可供都市农业开发的部分很少。原因主要在于：一是政府征用集体所有的非农建设用地，主要用于开发商业区、金融区、高新技术产业园区等，对于没能纳入城市发展规划的都市农业，土地资源十分稀缺；二是部分集体非农建设用地的流转监管不规范，非农建设用地不规范入市，导致都市农业的土地供应长期受到制约。

其次，在资金供应方面，都市农业是基于城市经济发展基础发展起来的融合型农业，需要进行专业化、集约化的生产与经营，所以比传统农业更需要充足的多元化资金、农业科技和人才及劳动力的投入。但由于都市农业尚处在发展初期，缺乏健全的政策支持，金融机构支持农业信贷的资金不足，财政资金补贴也不足，这些都制约着农业发展的投入，导致发展规模有限。而且，农业资金的缺乏也会影响生态农业科技成果转化，农业产出的低效制约了农业人才创业，也难以吸引劳动力返乡从事农业劳动。

再次，农业技术推广水平低。同发达国家相比，我国都市农业的科技推广体系还不够健全，缺乏农业科技推广人才与推广渠道，加上科技推广经费投入不足，制约了都市农业的快速发展。

此外，人才供应不足。都市农业作为依托现代农业科学技术发展的新型农业，需要大批专业的人才进行生产经营管理，但我国农业从业人员整体素质不高，缺乏现代化的农业科学技术。而且教育机构对生态农业专门人才的培养存在滞后性，没有输送与

现实需求密切对接的人才。这些因素导致的人才缺乏严重制约了都市农业的发展。

(4) 发展都市农业的政策支持体系有待完善

纵观近几年都市农业的发展现状，我们可以发现都市农业欠缺完备的政策支持体系。比如财政政策对现代农业科技的倾斜程度不够，税收优惠未涉及都市农业的农产品和服务。又如金融政策对中小型农业企业的支持力度有限。这些都制约着都市农业的快速发展。

同时，都市农业的扶持保护政策缺乏有效落实，使得一些城市的都市农业发展出现了迟缓与停滞的现象。例如，某些地区农家乐数量虽然多，但是规模小、效益低、产业单一化，都市农园成了单纯的休闲度假园区，没有充分发挥城乡的各种资源优势。

三、关于促进我国都市农业发展的思考

1. 制定科学发展规划，因地制宜突出特色

各地各级政府在制定产业政策时，需要根据当地区位、要素禀赋、经济状况等条件，制定明确的都市农业产业布局和发展规划，并结合地区实际，以相关法律法规等形式加以支持。

都市农业作为一二三产业融合发展的新型农业生产与经营方式，要实现集约化与市场化的发展目标，就需要制定科学的发展规划。具体而言，既要根据当地的自然资源条件也要结合具体的城市经济发展水平和居民消费能力水平，依据都市农业在地区经济、社会发展中的功能定位，决定都市农业的发展目标与模式，做到分阶段、分情况稳步发展。

2. 合理布局都市农业，促进农业产业整体规模化发展

虽然我国不同地区的城市经济发展水平存在较大差异，但城乡居民对于都市农业提供的绿色健康农产品都有着现实与潜在的消费需求。各地区应该因地制宜，重视并合理布局都市农业发展的空间区位，将本地的特色资源要素转变为自身的发展优势，形

成具有区域特色的产品与服务，并关注不同地区间的均衡发展，共同提升都市农业产业的整体发展规模与发展水平。

东部城市可利用沿海港口区位优势，积极发展产业附加值高、国际竞争力强的创汇型农业，形成出口导向型的都市农业发展模式；西部城市可充分发挥当地的自然资源与自然环境优势，精心培育特色农产品，形成以特色水果、特色林下产品为主的都市农业发展模式。不同地区应立足自身优势，合理布局适合当地的都市农业，形成区域特色，从整体上促进都市农业产业的发展。

3. 扶持重点龙头企业，加速构建完整的产业链

支持重点龙头企业的发展是构建完整产业链的关键。重点龙头企业作为都市农业产业化的重要生产经营组织，有利于整合涉及产供销的全部环节，对于形成完整产业链具有积极推动作用。因此政府应大力扶持重点龙头企业，促进区域经济发展。

其中，发展"订单农业"是重点龙头企业对接城市生态产品消费群体的有效方式。政府可出台全方位的优惠政策鼓励发展"订单农业"，帮助重点龙头企业搭建产销之间的桥梁。此外，还需在财政政策、金融政策、人才引进政策等方面对重点龙头企业给予多种方式的支持，以快速实现规模化发展。

4. 增加资金、科技等要素投入，提供完善的要素支持条件

针对都市农业资金投入不足的问题，首先应拓宽都市农业的多元融资渠道，鼓励各类社会资金以参股、合作、独立投资的方式参与都市农业发展，并且进一步加大对外开放力度，引进外资。其次在资金投放方向上，应该加大面向农业科技创新的风险投资规模，对经济效益好的都市农业项目给予充足的经费支持，以此推动都市农业发展。

在科技的投入上，除了以资金支持，还需要相应机制的配合。如开辟有效的科技成果转化渠道，建立农业产学研的合作机

制，促进农技推广体系建设，确保科技成果转化到基层。也可完善农业教育培训机制，培养新型生态农业技术人才，为都市农业的发展注入源源不断的人力资本支持。

在增加各类要素投入的同时，还需要重视完善社会化服务体系，建立有效的信息沟通平台，为相关企业和农户提供市场信息、人才信息，减低农业生产的市场风险。并且，加强城乡基础交通设施建设，为都市农业提供良好的基础设施条件。

5. 建立健全政策支持体系，加大政策支持力度

政府应依据制定的都市农业发展规划，建立健全相关政策支持体系，并加大各类政策扶持力度。如出台配套的财政、金融、土地等支农惠农政策，为都市农业的发展铺平道路。

首先，在财政支持方面，设立都市农业发展专项资金，用于引进全新生产技术、支持重点龙头企业发展、提供配套基础设施服务等；采取有偿无偿相结合、投资参股、贷款贴息等方式，重点扶持各地特色重点龙头企业，发挥其引领作用；采取税收优惠措施，如为积极推广都市农业生产经营模式的农业产业化组织提供税收优惠。

其次，在金融支持方面，现行信贷制度由于没有充分考虑农业生产企业的规模与自然风险，造成农业企业信用评级普遍较低，这导致企业和农户获得的贷款支持不足。政府配套的信贷风险政策，将有助于改善农业企业贷款融资难的状况，以获得更多的金融支持。同时，也可动员社会资金下乡，投入都市农业生产。

此外，在土地供应方面，应加大对都市农业的支持力度。在规划城市用地时，政府应规划合理比例的农业用地，保证都市农业的稳定投入与发展，以增强投资者的信心。

2.2 相关理论

2.2.1 循环经济理论

"循环经济"一词是由英国环境经济学家 D. W. Pearce 和 R. K. Turner 于 1990 年提出的。随着循环经济理念的传播与应用，以及资源危机、环境危机下对经济活动可持续发展的诉求，人们开始摆脱传统的线性经济模式，将循环经济作为指导理念，应用于资源的利用、生产、消费及废物利用等环节，由此，循环经济理论得以成熟和完善。20 世纪 90 年代末，循环经济理论被我国生态学学者首先引入，随着学术界对其概念理解和阐释的深入，循环经济理论逐渐成为我国绿色发展理论研究、政策研究和社会实践的热点。

循环经济理论以资源的节约和循环利用为核心，要求运用生态学规律来指导人类社会的经济活动，把经济活动组织为一个"资源—产品—再生资源"的反馈过程，以实现"低开采、高利用、低排放"，提高资源利用率，并最大限度地减少污染物排放，实现绿色生产和绿色消费，最终达到保护生态环境、资源可持续利用和经济社会可持续发展的目的。

在循环经济理论下，家庭农场的生产经营以减量化、再利用、资源化为准则，在集约化、专业化的生产方式下，通过不同的循环农业模式实现农业资源的集约化利用。例如，循环养殖型家庭农场可以综合种植、养殖、沼气等农业项目，利用粮食种植进行饲料加工，用于畜牧饲养等，产出的猪肉、蔬菜等产品进入消费领域。而沼气燃烧可以为畜牧养殖和蔬菜种植提供暖气，沼渣也可以作为农作物肥料，以此形成生态循环的农业生产链。

四川省农业资源丰富，经济体量大，是我国粮食作物和经济作物的重要产地，粮食、蔬菜、生猪量等在全国供应总量中占有重要地位。作为传统的农业大省，盲目开发和生产在一定程度上会导致环境污染、资源浪费等问题，因此，四川省应充分利用自身的资源禀赋、产业基础、区位优势及生态环境，依托家庭农场模式发展现代生态农业，建立循环经济体系，打造循环型生态农业，以实现资源持续利用和生态环境保护，促进农业稳定发展。

2.2.2　比较优势理论

大卫·李嘉图在斯密绝对优势理论的基础上提出了比较优势理论，他认为国际分工的依据是相对优势。两国贸易中，其中一国在两种产品生产成本上都具有绝对优势，而另一国处于绝对劣势，只要处于绝对劣势的一国在这两种产品生产上的劣势程度不同，就依然可以选择出口比较优势、进口比较劣势的产品，获得比较利益。李嘉图直接运用了比较优势理论解释绝对劣势国家参与国际分工的问题。

虽然比较优势理论的发展脉络多沿着对国际贸易问题的分析，但是其具体应用范围是突破国家贸易而不断扩展的。比较优势理论在其他领域同样是重要的基础理论，所以利用比较优势理论分析家庭农场问题依然具有理论意义。

家庭农场作为现代生态农业发展的新模式，各地凭借不同的自然条件、资源禀赋、地理位置等形成了具有不同比较优势的家庭农场。例如，位于都市边缘的家庭农场拥有较好的区位条件和交通条件，基础设施也较为完善，可以发展都市型家庭农场，为城市居民提供休闲养生、田园观光等服务。而远离城市、人口较少、交通不便的偏远地区则在农业用地规模、自然环境等方面具有比较优势，便于发展集约化、机械化的大规模家庭农场，从事单一类型产品的大规模生产。

四川省是传统的农业大省，农业开发历史悠久，资源丰富，在食用菌、中药材、花卉苗木、特色水果等农产品的生产和销售上都具备一定的传统优势和产业基础优势。

同时，四川省土地面积大，资源结构丰富，规模竞争力较强，具备依托家庭农场发展现代生态农业的天然优势，能够利用农业规模经营形成产业集群，便于将特色优势产业做大做强，并依靠特色优势产品的差异性形成较强的产品竞争力，最终实现优势农业突破，带动区域经济发展，打造地区名片。

2.2.3 创新理论

创新理论的说法最早可以追溯到奥地利政治经济学家约瑟夫·熊彼特（Joseph Schumpeter）所著的《经济发展理论》一书。书中他首次提出了创新的概念，认为创新就是实现生产要素和生产条件的新组合，具体包括引入新产品、采用新技术、开辟新市场、寻求原料新来源与建立新组织形式。生产过程中内生的创新是社会经济持续发展的根本驱动力，社会经济要想向前发展，就必须进行不断创新，因此创新理论的提出意义重大。

创新理论分析了创新对经济发展的重要意义，创新主体、创新内容、创新制度环境、创新途径等因素作用的发挥能够驱动经济的持续发展和社会的进步。目前，经营规模过小是我国农业发展存在的一个主要问题。家庭农场的发展一方面有利于土地集约化、规模化利用的创新；另一方面也有利于通过农业设备的机械化操作提升农业机械化水平，带动技术创新，提高劳动生产率。此外，土地的集约利用需要土地使用与流转制度的保障，所以家庭农场模式的发展和完善也能带动我国土地使用、流转制度的创新。同时，家庭农场以新型农民为主体，以家庭成员为主要劳动力，具有人力资本和经营管理优势，创新潜力和创新空间很大。

近年来，四川省积极创新农业经营体制机制，大力培育发展家庭农场，包括制定家庭农场的认定标准，"三权分置"推动土地流转和规模经营，构建以政府为主体的多元投入体系，出台相应的扶持政策和优惠政策，创新金融保险和税收服务，积极推广创新农业技术，加强现代职业农民的技能培训，等等，为家庭农场的健康发展营造便利的制度环境。

家庭农场的数量不断增加，发展质量也不断提高，创新发展中的家庭农场在推动农业经营体制机制创新、构建现代农业经营体系、实现乡村振兴等方面的作用越来越突出，但是四川省家庭农场的发展仍然存在适度规模推进难、服务少、融资难、人才缺的问题，所以继续推动家庭农场的健康发展、制度创新和技术创新至关重要。

2.2.4 生态经济理论

生态经济理论就是将生态与经济进行有机结合，以生态学理论为指导，运用经济学的研究方法研究人类社会的经济活动，调整不合理的生产生活方式，以实现清洁生产、绿色消费和可持续发展，追求经济的生态效益和资源的高效利用，平衡、协调经济发展和生态保护。

生态经济理论追求生态与经济的协调发展，通过生态与经济的有机结合促使人类经济互动，既具有经济效益，又能实现社会效益。所以，以生态经济理论为指导，研究家庭农场，具有重要的实践意义。具体而言，农业经济的发展依赖于对农业资源合理、高效的开发和利用，而家庭农场在融合科技、信息、金融、创新、品牌等因素的基础上能够利用现代经营理念实现农业资源的高效整合，以较高的劳动生产率实现专业化生产、社会化协作和规模化经营。同时，家庭农场是推动生态农业发展的重要主体，因此，依托家庭农场发展生态农业的实施路径具有重要的实践意义。

四川省作为西部粮仓和长江上游的生态屏障，积极发展生态农业具有重要的现实意义。一方面，家庭农场的规模化、专业化经营能使农业资源的开发和利用更加高效，实现资源的循环利用，以各环节的生态友好性实现农业转型升级；另一方面，立足当地的资源和生态条件，依托家庭农场的后发优势发展现代生态农业契合四川省建设农业强省的目标，以实现生态优先、绿色发展，建设生态文明，共享生态发展的红利。

2.2.5　产业融合理论

目前，国内外学者基于不同角度对产业融合理论进行了研究，但一直没有形成统一表述。总的来说，产业融合可大致归纳为不同产业相互渗透、相互交叉，形成新产业的动态发展过程。

进入 21 世纪，农业面临着严峻的可持续发展挑战，世界人口的持续高速增长、农业资源的短缺、农业生态环境的恶化成为制约农业发展的三大主要因素，农业与相关产业的融合发展逐渐成为国内的研究热点。结合产业融合理论，学术界提出了"农业产业融合"的新概念，即指农业内部子产业之间的融合以及农业与第二、三产业的融合。

依托家庭农场发展现代生态农业，从产业融合的角度看，是农业产业体系的横向扩展，是产业分工基础上产业融合的结果。现代生态农业具有多重功能，农业与相关产业融合发展是农业多功能化的客观需要，是农业可持续发展的基本路径。四川省在发展现代生态农业的过程中，应以产业融合理论为指导，以家庭农场为载体，适度扩大经营规模，构建现代生态农业产业体系，并充分发挥其增加农民收入与保护生态环境的作用。

第3章　四川省依托家庭农场发展现代生态农业的现状

3.1　四川省发展现代生态农业的基础条件

3.1.1　农业资源条件丰富

四川省是传统的农业大省，当地土壤肥沃，农业资源丰富。

2016年末，全省实有耕地面积67354平方千米、机耕面积48550平方千米，居全国第六位。全省劳动力人口总数为4860万，乡村就业人员3257万。其中，第一产业就业人员1827.4万，占比56.1%，劳动力资源充足。[①]

2017年，全年粮食作物播种面积为64410平方千米，居全国第四位，其中，油料作物播种面积为13370平方千米，中草药材播种面积为1330平方千米，蔬菜播种面积为14060平方千米；全年粮食产量为3498.4万吨，占全国全年粮食总产量的5.66%；全年肉猪出栏6579.1万头，牛出栏267.3万头，家禽出栏65259.8万只；全年水产养殖面积为2200平方千米，水产品产量为154.4万吨；新增农田有效灌溉面积710平方千米，年

---

① 数据来源于《四川统计年鉴（2016）》.

末有效灌溉面积共 28760 平方千米。[①]

3.1.2 生态环境的约束和限制

人多地少是四川省农业发展的典型特征，全省的农业生产以种植业和畜牧业为主，林业和渔业为辅。2016 年，全省土地资源开发已接近极限，人均耕地面积为 0.008 平方千米，与国际耕地极限值持平，可垦、宜耕的后备土地资源少。全省未利用土地面积为 52532 平方千米，其中可供开发利用的后备土地资源有 13978 平方千米，仅占全省未利用土地面积的 26.61%。[②] 目前，化肥、农药的使用问题是四川省农业生态环境保护所面临的重要问题之一。2016 年，全省化肥施用量高达 249 万吨[③]，由于利用率低、流失率高，不仅导致农田土壤污染，还造成水体富营养化，进而导致地下水污染，甚至影响空气质量。化肥、农药等化学药品的大量使用以及农业"三废"的不规范排放，给四川省自然生态环境保护带来了沉重压力，在当地推进农业生态环境建设，发展绿色经济成为必然趋势。

3.2 四川省现代生态农业发展概况

自 2004 年确立"生态立省"战略，提出"还三江清水，建生态四川"的口号，颁布实施《四川生态省建设规划纲要》等一系列政策文件以来，四川省初步形成了"1234539"的生态省创建工作模式。建设生态省，发展现代生态经济，要求第一产业必须向现代高效生态农业方向发展。四川省现代生态农业的发展能

---

① 数据来源于《四川统计年鉴（2017）》.

② 数据来源于 http://pfsf.zgny.com.cn/pfsf/region.asp?n_pro_id=23.

③ 数据来源于《四川统计年鉴（2017）》.

有效缓解当前存在的生态环境问题，推动"生态立省"目标的实现。

3.2.1 四川省现代生态农业发展历程

四川省于 20 世纪 90 年代中期开始实施生态农业建设，至今已有 20 多年。在中央政府将开展生态农业作为现代农业发展的全新模式下，四川省开始逐步探索本省的生态农业建设路径。

3.2.1.1 试点阶段和模式研究阶段

20 世纪 90 年代初期，在四川省人民政府的带领下，环保部、农业部等开始大规模推广生态农业试点建设。由此，四川省在全省 13 个地级市建立起不同规模、不同模式的生态农业乡镇、村、农户试点 120 多个，试点面积达 5000 平方千米。其中，成都市双流县、郫县被评为国家首批生态农业示范县，红砂村、农科村荣获"国家级生态村"称号。经过区、县的试点建设，四川省发展现代生态农业取得了一定经验，并初步形成了独具当地特色的生态农业建设理论，给其他省、市开展生态农业示范点起到了很好的带头作用。

3.2.1.2 生态农业快速发展阶段

目前，我国生态农业建设面积达 0.1 亿公顷，占全国耕地面积的 12% 左右；涵盖了生态农业户、生态农业村、生态农业乡、生态农业县乃至生态农业省等；建设示范项目的县、乡、村数量已达 4000 多个，遍布全国 30 个省、自治区、直辖市。以四川省峨眉山市、苍溪县为代表的国家级生态农业试点县的建设，推动了全省现代生态农业的进一步发展。全省生态农业发展态势良好。通过对经验进行不断整合、深化和扬弃，四川省现代生态农业建设已进一步与农村发展、农民致富相结合，进入创新发展阶段。

3.2.2　四川省现代生态农业现状分析

3.2.2.1　现代生态农业建设总体态势良好

截至 2015 年，四川省已建设有 13 个国家现代农业示范区，示范区数量居全国前列、西部第一。2016 年，农业部办公厅国家农业综合开发办公室下发《关于印发农业综合开发区域生态循环农业项目指引（2017—2020 年）的通知》（农办计〔2016〕93 号），提出要在农业综合开发项目区推进区域生态循环农业项目建设，而后，四川省就将遂宁市射洪县太乙镇项目、南充市顺庆区项目、广元市苍溪县项目纳入 2017 年农业综合开发区域生态循环农业项目计划，将遂宁市蓬溪县纳入 2018 年农业综合开发区域生态循环农业项目计划，估算总投资达 2862.3 万元。[①]

从生态农业产业化发展的现状来看，四川已形成了一批具有显著优势和特色的重点产业和农产品，在"互联网＋"新时代背景下，省政府抓准时机开展一二三产业融合发展试点，加快发展农业互联网和电子商务，推进发展现代生态农业新业态。

3.2.2.2　家庭农场在现代生态农业建设中发挥了重要作用

近年来，一部分家庭农场、农民合作社开展了"农超对接、农社对接、农商对接"等合作，逐步推进产业融合发展。2017 年，四川省农民合作社实现可支配盈余 67.7 亿元，人均收益 1688.3 元；家庭农场实现经营收入 124.5 亿元，场均收入达到 28.8 万元。[②]

家庭农场模式在四川省现代生态农业的发展过程中发挥了重要作用。例如，建设"小型养殖场—集中供气沼气工程—种植示

---

① 数据来源于四川省农业厅网站.

② 杨朝阳. 四川打造新型农业经营主体［N］. 中国食品报，2018－02－09（002）.

范园"的家庭农场模式，基本解决了大规模畜禽养殖场存在的粪污处理和资源化问题，同时还能生产沼气为附近农户提供清洁能源，产生的沼渣用作家庭农场种植业基肥，沼液用于农场灌溉，实现了农村能源和农用有机肥的就地就近使用。[①]

3.2.2.3 生态农业发展促进了地区生态环境建设

作为现代生态农业建设的重要环节，地区生态环境建设主要表现为各省（市）建设生态示范点的总体进程。环境保护部公布的 2010 年度国家生态建设示范区之"全国环境优美乡镇"中，四川省有 64 个乡镇上榜，占当年全国乡镇总数的 12％，在全国 23 个省市中排在江苏省（93 个）之后，居第二位。而在国家级生态建设示范区之"生态村"的创建数量上，四川省拥有 5 个国家级生态村，分别为成都市石庙村、安龙村、惠民社区，广元市将军村以及眉山市莲花村，占当年全国生态村总数的 6％，在全国 18 个省市中，与河北、山东省并列第 6 位。[②] 由此可见，四川省生态建设取得了显著成效。

3.2.2.4 生态农业发展的支持政策陆续颁布

2008 年 12 月，四川省人民政府印发了《四川省农业发展上台阶建设项目规划》，提出积极发展节约型农业、循环农业、生态农业，加强农村生态环境治理，防止农业面源污染。

2017 年 6 月、8 月，四川省人民政府办公厅先后发布了《关于支持新型农业经营主体开展农业社会化服务的指导意见》《关于加快推进现代农业产业融合示范园区建设的意见》，提出牢固树立绿色发展理念，以培育家庭农场、农业产业化联合体等新型农业经营主体为总抓手，发展现代农业、生态农业，加快推进农

---

① 数据来源于四川省农业厅网站.
② 数据来源于中华人民共和国生态环境部网站.

业产业化融合建设。一系列政策文件的颁布与实施，为四川省现代生态农业的发展构建了框架。

3.3　四川省依托家庭农场模式发展现代生态农业的特点

3.3.1　政府大力支持家庭农场与现代生态农业的发展

中央和省级相关部门都鼓励家庭农场的发展，出台了有关家庭农场的注册和认定、农村土地流转及使用、涉农财政、金融保险、人才培养、提升农业社会化服务水平等一系列政策措施，对家庭农场的发展给予各方面的支持。

基于四川省家庭农场和生态农业的发展现状，相关部门日益完善了有利于生态农业发展的财政税收体系，建立健全了相关法律法规，完善了相关配套措施。例如，出台示范家庭农场补助政策，建立生态产业区、示范农业基地和科技园区，搭建技术服务和人才培训平台等，助力现代生态农业体系的构建。四川省家庭农场的发展虽然起步较晚，但是在各级政府部门的不断努力下，发展速度快，势头猛，潜力大。

3.3.2　家庭农场发展助力实现四川省农业升级和乡村振兴

依托家庭农场的规模化、专业化、集约化经营，农业资源的开发和利用能更加高效和绿色，推动生产过程清洁化和废弃物处理资源化，打造农业各环节链条的循环化，实现农产品的深度开发和转化增值。以各环节的生态友好性实现生态布局优化和农业转型升级，进而实现生态优先、绿色发展，这契合四川省建设农业强省的目标，又能够贯彻落实生态四川的战略部署，推进农业供给侧结构性改革，实现农业现代化；建设生态文明，共享生态发展红利；以家庭农场的发展带动农村经济的繁荣和农民收入的增加，助力脱贫攻坚和乡村振兴。

3.3.3 从事生态农业的家庭农场生产经营模式还需转变提升

当前的家庭农场多由之前的当地种养殖大户转变而来，经营模式、发展理念较为传统，生产结构多为种植业、畜牧业、渔业、种养结合等，以种植业为主，产品与经营理念有同质化趋势；生态环保意识不强，生态环保技能不足，缺乏统筹规划与市场营销能力，对市场需求结构把握不准，市场竞争能力较弱；优势特色生态产业发展滞后，农产品的开发力度也不够，多为直接销售初级农产品，附加值低，效益也不高。为此，应重视培养家庭农场从业者的现代生产与经营理念，以及创新生产与经营模式。

3.3.4 依托家庭农场发展生态农业的活力还需进一步激发

从当前来看，虽然中央及省级有关部门出台了各项政策措施以培育和支持家庭农场，但是家庭农场的发展壮大对资金的需求较大，还需政府大力提供资金方面的支持。现阶段，四川省家庭农场的政府资金扶持力度与农场主资金需求之间的矛盾仍然存在，获得资金扶持的家庭农场数量还较少，比例还较低。服务专业、功能完善的社会化服务体系还未完全构建，且能为家庭农场提供社会化服务的水平较低，依托家庭农场模式发展现代生态农业的活力还未完全激发。

此外，四川省家庭农场数量与规模分布不均衡，区域差异较大的问题比较突出。由于四川省地形复杂，既有平原又有丘陵和山区，气候条件差异也较大，区域特征明显，因此，各地区家庭农场的经营数量和经营规模差异较大，且分布不均衡。

3.4 四川省依托家庭农场模式发展现代生态农业面临的主要问题

3.4.1 资金问题

3.4.1.1 家庭农场发展生态农业的资金需求规模逐渐增长

我国家庭农场的发展仍处于起步阶段，要真正实现规模化、集约化、商品化的经营往往需要大量的启动资金和运转资金，资金需求规模较大。

从土地要素来看，四川省耕地资源后备不足，农地经营细碎化。2015 年，四川省经营耕地规模在 10 亩以下的农户数量达 1933.2 万户，占农户总数的比重高达 91.89%，远低于全国农户规模化经营平均水平。① 细碎化的经营导致农业人力成本、基础设施建设成本和服务成本等均有所上升。家庭农场要实现适度规模经营，就必须依赖于农地整合。而土地作为启动家庭农场适度规模经营的基础条件，其所需的大量的资金投入成为家庭农场发展过程中面临的主要约束条件之一。2016 年，四川省农村土地流转面积达 1970.3 万亩，占家庭承包经营面积的 33.85%。2011—2016 年，土地流转面积的年均增速达 12.89%，如此大规模的土地流转必然需要大量的资金投入。②

从物质资本投资来看，家庭农场作为新型农业经营主体，要实现规模化、集约化、商品化的经营，就必须依赖大量的物质资本投资，厂房、机械设备、农田基础设施、田间管理、种子化肥等都需要大量的周转资金，而大部分家庭农场是通过以前的传统

---

① 数据来源于《中国农村经营管理统计年报（2015 年）》.

② 数据来源于四川省统计局网站.

农户转变演化而来的，资金储备往往不足，因此难以依靠自有资金维持家庭农场的日常运营。

从经营管理投资看，家庭农场作为现代农业发展的重要形式和推动力量，要与传统的小农户普通生产有所区别，就必须实现现代化的经营管理。家庭农场的发展应依靠生产、加工、销售环节的一体化，实现商品化、市场化的经营。家庭农场参与更深化的产业链条意味着更多的经营管理投资，不再局限于单一的生产资料投资，而是涉及产品深加工、质量认证、品牌优势塑造、社会宣传等。要实现现代化的经营管理就需要投入大量的资金。

此外，随着社会经济发展水平的提高，生产资料、人工成本、地价等都呈现上升趋势，这造成了家庭农场经营成本上升的问题。加上人们的需求结构发生了变化，更加看重、追求生态有机的农产品，所以家庭农场的生产要想与市场需求相适应，就必须投入更多的生态技术和劳动力，以精细化、专业化生产更高品质的农产品。而这也会导致生产成本上升，使得家庭农场的资金需求量进一步增大，如此，资金问题便成为制约家庭农场发展的"瓶颈"。

3.4.1.2　家庭农场法律地位不明确，市场准入受限导致融资渠道有限

目前，我国家庭农场的发展仍处于起步阶段，对家庭农场的认定标准以及注册登记等未形成全国统一的法律法规，因此我国还未对家庭农场的法律地位予以明确，家庭农场的发展仍面临相关法律依据缺失的窘境。

在 2017 年 6 月四川省农业厅公布的四川省第三批家庭农场省级示范场名单中，成都市有 15 家家庭农场被评为省级示范家庭农场，而在这 15 家省级示范家庭农场中，有 6 家家庭农场经工商注册为个体工商户，有 9 家家庭农场经工商注册为个人独资

企业，没有合伙企业、有限责任公司等类型。^① 由此可见，四川省大部分家庭农场的企业登记注册类型并非有限责任公司，还未达到企业化经营标准。虽然中国人民银行出台了《中国人民银行关于做好家庭农场等新型农业经营主体金融服务的指导意见》，指出要拓宽家庭农场等新型农业经营主体多元化的融资渠道，对经工商注册为有限责任公司、达到企业化经营标准、满足规范化信息披露要求且符合债务融资工具市场发行条件的新型家庭农场，可在银行间市场建立绿色通道，探索公开或私募发债融资。^② 但是，从四川省家庭农场的发展现状来看，经工商注册为个人独资企业和个体工商户的大部分家庭农场，并不满足债务融资工具市场的发行条件。所以，家庭农场的融资渠道是受限的。

此外，由于家庭农场"尴尬"的身份，一般的商业性金融机构在选择贷款对象时，为了避免风险，会对家庭农场的贷款实施更严格的审批条件，以盈利为目标的商业银行会设置更高的贷款壁垒。由此可知，家庭农场选择商业银行贷款的这一渠道也会受到限制。

3.4.1.3　农村金融服务供给困境造成生态农业发展资金供给不足

（1）金融机构服务供给不足。

我国农业虽然是国民经济的基础产业，但是抵御自然风险和市场风险的能力较弱。为了实现国民经济发展和社会稳定，需要对农业进行适当的支持和保护。但是，随着我国社会主义市场经济体制的建立和完善，金融机构的市场化特征日益凸显，而金融

---

① 资料来源于四川省农业厅公布的四川省第三批家庭农场省级示范场名单（2017 年 6 月）.
② 资料来源于《中国人民银行关于做好家庭农场等新型农业经营主体金融服务的指导意见》.

资本的逐利性导致农业领域的投资与资金供给不足。同时，我国农村房屋所有权、农村宅基地使用权、农村土地承包经营权还不能完全成为金融机构的抵押物，没有资产和抵押物的家庭农场在向商业性金融机构申请贷款时，会面临较大障碍。此外，我国农业信贷担保体系还未完全建立，针对新型农业经营体的担保业务和担保产品还不完善，家庭农场投资生态农业的资金需求也很难获得担保机构的支持。

（2）金融机构服务范围有限。

金融机构涉农服务供给不平衡的问题较为突出，从事生态农业的家庭农场的贷款渠道多依赖于农村信用社、邮政储蓄银行等传统涉农金融机构，商业性金融机构即使发放涉农贷款，也多将贷款对象局限在专业大户等，新型金融机构支农能力又有限，所以在金融机构资金供给服务范围有限的情况下，金融机构的涉农服务供给失衡的现象较为突出，直接限制了家庭农场的融资渠道，增加了家庭农场融资的难度。

3.4.2　土地问题

3.4.2.1　土地规模扩大难，影响了家庭农场及生态农业的规模化发展

一是传统土地观念影响下，农民不愿意流转土地，这制约了土地规模的扩大。

农民依托小规模的土地种植基本能够自给自足，这样的传统小农意识限制了土地规模经营效益的发挥，难以抵挡现代农业和市场经济的冲击。

二是我国历来重视"三农"问题，实施了一系列"三农"优惠政策，种粮补贴、农机购置补贴、直接收入补贴、税收优惠等政策的施行使得农民社会地位有所提高，农民收入也出现大幅度增加。面对农业经营环境的改善，农民更加不愿意将手中的土地

流转出去。

三是四川省地形条件的限制导致土地集中较为困难。四川省地处中国西南部，西部多为高原、山地，东部多为盆地，地形条件复杂。西部高原、山地的土地资源虽丰富，生态环境好，但是气候较为恶劣，且交通不便，发展现代农业的先天条件不足。东部地区虽为盆地，但是自西向东又有成都平原、川东丘陵和川东平行岭谷的地形区分，农业生产多依赖于分散化、小规模的经营模式，土地集中较为困难。

四是家庭农场的用地成本较高，在一定程度上制约了土地的规模化经营。家庭农场作为新型农业经营主体，要实现生态农业的规模化经营就必须依赖于大量的土地投资，但是从目前的情况来看，可流转的土地数量难以满足家庭农场生态农业规模经营对土地的需求，而土地流转的供不应求在一定程度上又推动了地价的上升。

3.4.2.2　家庭农场的土地集约利用难，导致生态农业生产经营效率不高

农业土地集约利用是指在单位面积的土地上通过增加劳动、资金和技术的投入，取得较多的农作物产出与经营效益的农业经营模式。农业土地的集约利用难表现在以下几个方面：

一是从劳动投入角度看，农村劳动力转移和人口老龄化等问题都会阻碍土地的集约利用。农村劳动力为了追求更高的货币收入和享受更好的生活条件，开始出现由专业农户向兼业农户的身份转变或直接将土地闲置、抛荒等，农村劳动力数量的减少进一步导致农地使用率下降。同时，劳动力素质与土地的集约利用也密切相关。劳动力素质越高，就越容易掌握先进的生物技术和管理方法，土地集约利用率自然就越高。但是我国家庭农场的经营主体的综合素质相对较低，会经营、会管理、懂市场的现代化新型职业农民较少，这也在一定程度上阻碍了土地的集约利用。此

外，我国人口老龄化的现象日趋严重，老龄人口的增加一方面使劳动力短缺问题更加严峻；另一方面造成农业发展过程中从事农业生产经营活动的主体多为老年人，大多老年人在接收新理念、新技术上存在严重滞后性，这就降低了劳动生产和土地利用的效率。

二是从资金投入角度看，工商资本下乡在一定程度上能促进生产要素向农业、农村集聚，推动农业的现代化进程。但是工商资本下乡在发挥积极作用的同时也会带来土地非农化、非粮化的问题。由于工商资本具有逐利性，所以农村地区丰富、廉价的土地资源容易成为工商资本的利益追逐点。工商资本下乡获得补贴后抽出资本会导致土地闲置、撂荒等一系列问题。

三是从技术投入角度看，我国农业技术转化为农业现实生产力的能力不足。四川省乃至我国的农业技术投入面临两大难题：首先是生态农业技术创新不足。四川省农业土地的利用多采用传统的粗放经营模式，依赖农业化肥和农药等的使用提高土地产出，但是过量农业化肥和农药的使用会破坏土壤的养分平衡，降低农田的质量和再利用的效益，而且过量化肥和农药的使用会通过能量循环造成水体污染和空气污染等，这增加了农业生态环境的压力。其次是生态农业技术推广不够。这一方面表现在国家的技术推广体系不健全，缺乏生态农业技术推广平台，农业技术创新成果转化受阻；另一方面，随着农村劳动力的外流和人口老龄化程度的加深，老弱群体会成为生态农业生产的主力军，而这部分群体在生态农业技术推广和应用上都存在很多不足。

3.4.2.3 土地流转改革进程影响家庭农场与生态农业发展的用地规模

我国土地流转进程的推进将有助于扩大家庭农场与生态农业发展的用地规模。当前，我国土地流转中存在的障碍主要有四个：

一是土地流转法律制度不完善。我国农村土地流转的合法性自 20 世纪 80 年代就予以明确，其后政府也出台多部法律法规以保护和促进农村土地流转。例如，2001 年的《中共中央关于做好农户承包地使用权流转工作的通知》明确提出允许土地使用权合理流转是农业发展的客观要求。2007 年施行的《中华人民共和国物权法》规定：土地承包经营权人有权将土地承包经营权通过转包、互换、转让等方式流转。2016 年，中共中央办公厅、国务院办公厅印发了《关于完善农村土地所有权承包权经营权分置办法的意见》，指出要在坚持农村土地集体所有的前提下，把农民土地承包经营权分为承包权和经营权，实现承包权和经营权分置并行，形成所有权、承包权、经营权三权分置、经营权流转的格局。我国农村改革实现了进一步的制度创新，但是法律层面上的相关条文尚未形成体系，现行法律法规并未对相关权利进行明确界定与划分，农地流转制度仍不完善。

2014 年，四川省被列为全国首批三个承包地确权登记颁证整体推进的试点省之一，以成都土地确权流转的先行实践为基础，以放活土地经营权为重点，积极探索土地入股、土地信托等多种形式的土地流转，有效提高了全省土地流转率，提升了农业规模化程度。

成都市的成功实践证明，明晰产权是比推进土地流转更根本、更基础的工作，产权制度改革是推进农村土地制度改革的基础，在确权的基础上搭建土地流转交易平台，土地的市场化流转才能实现价值——为农民带来财产性收益，为家庭农场实现土地集约利用提供现实可行性。

二是土地流转机制不健全。从供求机制角度看，由于农村土地承包经营权归属不明晰和利益分配机制不合理，导致土地难以实现集中连片流转，难以形成农业产业化经营。从价格机制角度看，由于土地价值评估机构的缺乏和定价机制的不健全，导致农村土地流转的价格制定缺乏科学依据，容易引发合同纠纷。从市场机制角度看，各级市场的市场化程度较低，缺乏完善的土地流转市场平台，并且缺少土地流转的激励约束机制、风险防范机制以及政府监管机制。

三是土地流转行为不规范。农户之间的土地流转多是通过口头协议的形式实现，即使流转双方签订了书面合同或协议，也存在内容不规范、权利义务不明确、条款不完善等问题。

四是土地流转中介服务机构不完善。这首先表现在农村土地价值评估机构的缺乏。土地承包经营权的估值具有很强的专业性和技术性，需要具有专业资质的中介机构对土地流转进行估值和定价。其次表现在土地流转法律咨询机构的缺乏。由于不少农民法律意识相对淡薄，土地流转过程中难免发生合同纠纷，因此迫切需要专业的法律咨询机构为其提供法律支持。

3.4.3 劳动力问题

3.4.3.1 城镇化进程的推进减少了农业劳动力数量

随着我国城镇化的持续推进，城乡差距不断扩大，2016 年，城镇居民人均可支配收入为 33616 元，而农村居民人均可支配收入为 12363 元，两者的收入差距达 2.72 倍。在城乡收入差距不断拉大，第二、三产业不断发展，农民进城就业障碍不断减少的背景下，农村劳动力开始不断向城镇转移。

四川省是传统的农业大省，1978 年，第一产业就业人员总量为 2524 万人，2017 年为 1793 万人，就业人员总量减少了 731 万人，就业人员占比从 1978 年的 81.8% 下降到 2017 年的 36.8%，下降了 45 个百分点，年均下降 1.2%，就业人员逐渐向第二、三产业转移。[①] 四川省是劳务输出大省，2016 年，四川省农村劳动力转移、输出 2491 万人，同比增长 0.5%，其中省内转移 1354 万人，省外输出 1133 万人。[②]

农村劳动力的外流直接导致农业生产主体减少，家庭农场在农忙季节时难以获得足够的青壮年劳动力，雇工成本的上升导致家庭农场的经营面临难题。

3.4.3.2　家庭农场从业人员受教育程度低，综合素质不高

现代化家庭农场的经营需要的是懂市场、懂管理、懂技术的新型职业农民，而四川省家庭农场的经营主体多是由传统的农村能人组成，虽然这一部分家庭农场主本身具有较丰富的生产实践经验与社会关系，但是沿用的传统生产模式缺乏与现代市场、创新技术、现代经营管理理念的衔接，仍难以发展现代农业。

家庭农场的发展需要先进的生态农业生产技术、有效的市场信息、高素质的从业人员、高效的机械化操作，传统粗放的单纯生产模式难以满足这些条件。家庭农场要想实现可持续发展，农场主就必须具备较强的学习能力、判断能力与经营能力。因此，只有尽快推动传统农户向新型职业农民的转变，才能有效推进现代农业的建设进程。

2016 年，四川省在 175 个县（市、区）实施了新型职业农民培育工程，培训农民 35 万余人，其中新型职业农民 10.17 万人。四川省农业人口数量占总人口的比重达 72.4%，而接受过农业培训的农民只占农业人口的 0.5%，新型职业农民则只占农业人口的 0.1%，所以新型职业农民的稀缺是导致家庭农场的经营缺少人力资本的重要原因之一。[③]

---

① 数据来源于四川省统计局网站.
② 数据来源于《四川农村年鉴（2017）》.
③ 数据来源于四川省农业厅网站.

3.4.3.3 四川省家庭农场从业人员老龄化特点明显

2017 年，四川省 65 岁及以上老年人口数量已达 1157 万，占常住人口的比重超过 13%。作为人口大省，四川省老年人口的总量居全国第二位，已经步入深度老龄化阶段。同期，四川省人均地区生产总值为 44651 元，而全国人均国内生产总值为 59660 元，如此看来，只相当于全国平均水平的 74.8%，仅居全国第二十二位。由此可见，四川省人口老龄化的速度已经远远超前于经济发展水平，"未富先老"的问题较为严重。①

老年人采集信息、分析数据和承受风险的能力相对于年轻人来说存在不足，且大多老年人接受先进农业技术和职业培训的意愿不强，因此导致农业科学知识的普及和农业技术的推广面临阻碍。

四川省家庭农场具有老年型劳动力结构的特征：全省农业生产经营人员年龄在 36~54 岁的有 1148.98 万人，占全省农业生产经营人员的比重达 47.3%；年龄在 55 岁及以上的占比为 38.1%。规模农业经营户的农业经营人员年龄分布在 36~54 岁的比重达 56.6%，家庭农场长期雇佣的管理人员和技术人员也多在这个年龄段，由此可以看出，农业从业人员面临"断代"危机。②

3.4.4 社会化服务问题

3.4.4.1 为家庭农场提供社会化服务的组织作用发挥不足

在我国，能为家庭农场的发展壮大提供社会化服务的组织主要是以政府为主导的公共服务组织、农民合作社等专业组织。但

---

① 数据来源于《四川统计年鉴（2017）》.
② 数据来源于四川省第三次全国农业普查主要数据公报（第五号）.

是从目前的实践情况来看，两大组织之间定位不清、职责不明、服务不善等问题仍较为突出，这在一定程度上制约了社会化服务保障作用的发挥。

2010 年，四川省政府设立了农村社会化服务体系建设专项资金，按照政府主导、供销合作社主办、部门参与、市场化运作的方式，支持四川供销合作社搭建农村社会化服务平台。四川供销合作社农村社会化服务平台以发展农村庄稼医院和社区综合服务中心为重点，构建新型农村社会化服务体系，为广大农民提供便利、多样的农业服务，满足农民生产生活需求，取得了明显成效。

由此可见，农业合作社等专业组织提供的社会化服务仍有发展空间，亟须创新社会化服务模式，为家庭农场等新型农业经营主体提供有效的社会化服务。

3.4.4.2　社会化服务内容不健全

家庭农场的经营发展需要的社会化服务主要包括农用物资、农业技术、农业信息、金融支持和农业保险等，但是现阶段社会化服务系统所提供的公共服务内容仍较为单一。

一是农用物资供给不足。四川省政府在公共基础设施建设、机械化操作和化肥、农药、种子供给等方面的投入不足。据四川省第三次全国农业普查结果，截至 2016 年末，四川省在乡镇地域范围内，有火车站的乡镇仅占 5.3％，有码头的乡镇占 9.8％，有高速公路出入口的乡镇占 11.4％。[①]

二是生态农业技术推广不畅。在家庭农场的发展过程中，生态技术推广尤为重要。目前，虽然四川省已建立 11746 个推广机构，构建了覆盖全省的公益性农技推广体系，并且培育了 2.8 万

---

① 数据来源于四川省第三次全国农业普查主要数据公报（第一号）.

个家庭农场科技示范户①，但是部分推广机构在实际运行中因存在服务不规范、服务层次低等问题，导致家庭农场难以获得有效的技术指导。

三是农业及生态农业信息服务不完善。目前，四川省已经建立了农情调度信息系统、生猪生产监测预警系统、农机购置补贴系统、农机推广鉴定及质量监管系统、农机评价指标体系管理系统等信息网络服务系统，并且还搭建了农产品质量安全监测平台、机电灌溉服务平台、四川省农业厅和农商通等农业信息平台，为四川省加强地区农业信息交流提供了有力支持。

虽然四川省农业信息化服务工作已经取得了上述成效，但是仍存在以下一些问题：

（1）农村地区的网络基础设施建设相对薄弱，仍有多个村没有通宽带，也没有电子商务配送站点。

（2）农业数据资源利用效率低的问题较为突出，数据区域化分割较为严重，信息跨部门跨区域共享不畅，移动互联网、大数据、云计算、物联网等信息技术在农业领域的应用大多停留在试验示范阶段。

（3）农民利用信息化的能力较低。家庭农场的经营人员多为当地农民，他们对市场信息的捕捉能力相对较弱，难以获得精确的市场需求和价格信息，因此其预测市场的能力也就较弱。无法充分利用农业信息制约着家庭农场科学生产经营行为的发展，造成其制定的生产经营策略缺乏前瞻性。

3.4.5 家庭农场产业化程度低，制约了生态农业产业化发展

家庭农场产业化程度低，制约了生态农业产业化的发展，这

---

① 数据来源于《四川农村年鉴（2016）》.

主要表现在：

一是生态农业产业链不完整。当今市场的竞争已不仅仅是单个主体的竞争，而是整个产业链的竞争。家庭农场是我国新型农业经营体，是构建现代农业经营体系，实现现代农业转型升级的重要力量。但是从家庭农场的发展情况来看，四川省家庭农场的规模较小，布局也较为分散，存在资金、技术、市场等方面的难题，并且开展标准化生产、品牌化建设的难度较大，大部分家庭农场经营范围较小，结构单一，大多从事利润低的农业生产环节，极少参与加工和销售环节，产加销一体化经营的难实现导致家庭农场在产品销售上处于劣势地位。

二是生态农业产业融合度不高。目前，大部分家庭农场还处于投入大、产出低的阶段。只有将现代生态农业与农耕文化、民俗体验及乡村旅游、电子商务等进行深度融合，发展农产品保鲜、储藏、烘干、分级、包装等初加工和精深加工，通过三产融合才能促进农业从单纯种养业向复合性产业转变，让家庭农场分享三产融合增值收益。

例如，种植业家庭农场可以在生产绿色无公害的粮油、果蔬等农产品的基础上，利用自身的生态优势，以在山里种经济林、放跑山鸡，河里放养清水鱼，"采摘＋休闲旅游"为发展思路，实现传统农业与旅游资源的结合，并升级为现代生态休闲农业，实现更大的经济效益。

在现代生态农业与电子商务的融合方面，家庭农场的表现略显不足。在生态农产品产业链向前延伸方面，电子商务在家庭农场耕地、播种等环节介入较少，使得家庭农场难以实现生态农产品标准化生产，农产品的质量风险因此得不到有效管控。在生态农产品产业链向后延伸方面，农产品的深加工及销售等与电子商务结合较少，优质特色农产品的销售渠道不够畅通。

三是家庭农场之间的组织化程度不高。组织化程度不高主要体现为家庭农场与家庭农场之间的组织化程度不高，农场联盟合作社数量较少。农场联盟合作社可以对家庭农场成员开展统一的产品、生产技术、农资供应、销售、品牌打造，对外建立稳定的订单合作关系。家庭农场联盟合作可以实现资源、信息、技术、市场、品牌共享，发挥农业经营主体联合生产、组团经营的效益。但是，四川省家庭农场联盟合作社发展起步较晚，数量较少。

3.4.6 示范家庭农场数量少，难以广泛发挥引领带动作用

四批四川省省级示范家庭农场的地区分布及数量见表3-1。

表 3-1 四批四川省省级示范家庭农场的地区分布及数量

| 第一批（2015 年） | | 第二批（2016 年） | | 第三批（2017 年） | | 第四批（2018 年） | | 合计 |
地区	数量	地区	数量	地区	数量	地区	数量	
宜宾市	14	宜宾市	20	宜宾市	18	宜宾市	20	72
遂宁市	8	遂宁市	16	遂宁市	15	遂宁市	11	50
达州市	14	达州市	15	达州市	18	达州市	15	62
雅安市	5	雅安市	10	雅安市	10	雅安市	10	35
德阳市	7	德阳市	15	德阳市	15	德阳市	12	49
内江市	7	内江市	15	内江市	15	内江市	10	47
巴中市	14	巴中市	18	巴中市	20	巴中市	16	68
甘孜州	5	甘孜州	3	甘孜州	5	甘孜州	11	24
广元市	14	广元市	20	广元市	20	广元市	18	72
乐山市	9	乐山市	15	乐山市	15	乐山市	16	55
泸州市	8	泸州市	15	泸州市	15	泸州市	12	50
绵阳市	13	绵阳市	21	绵阳市	20	绵阳市	15	69
南充市	14	南充市	15	南充市	15	南充市	24	68
攀枝花市	6	攀枝花市	10	攀枝花市	10	攀枝花市	7	33

续表3-1

第一批(2015 年)		第二批(2016 年)		第三批(2017 年)		第四批(2018 年)		合计
地区	数量	地区	数量	地区	数量	地区	数量	
资阳市	12	资阳市	12	资阳市	10	资阳市	11	45
阿坝州	5	阿坝州	7	阿坝州	10	阿坝州	10	32
自贡市	6	自贡市	11	自贡市	10	自贡市	14	41
凉山州	10	凉山州	11	凉山州	10	凉山州	22	53
广安市	7	广安市	17	广安市	17	广安市	14	55
眉山市	10	眉山市	19	眉山市	17	眉山市	17	63
成都市	12	成都市	15	成都市	15	成都市	15	57
合计	200	合计	300	合计	300	合计	300	1100

注：表中数据由笔者根据四川省政府公布的四批省级示范家庭农场的名单整理而得。

3.4.7　支持家庭农场及生态农业发展的政策不完善

目前，家庭农场及生态农业在四川省的发展仍处于起步阶段，需要国家和政府的政策引导和扶持。

2013 年，《中共中央　国务院关于加快发展现代农业进一步增强农村发展活力的若干意见》发布，首次提出了"家庭农场"的概念，四次提及家庭农场的发展，针对家庭农场等新型农业经营主体提出农业补贴资金倾斜和奖励补助扶持等政策，并且鼓励和支持承包土地向家庭农场等流转。《四川省人民政府办公厅关于培育和发展家庭农场的意见》对四川省家庭农场认定的基本条件作出规定，并就培育和发展家庭农场提出了相关意见和扶持措施。2017 年，四川省还印发了《四川省"十三五"农业和农村经济发展规划》，提出"十三五"期间，四川省将积极培育新型农业经营主体，完善补贴、金融、保险、设施用地等政策。

在生态农业的支持政策方面，2016 年，财政部和农业部联合印发了《建立以绿色生态为导向的农业补贴制度改革方案》，要求有关部门和地方政府积极推进农业供给侧结构性改革，到 2020 年，基本建成以绿色生态为导向、促进农业资源合理利用与生态环境保护的农业补贴政策体系和激励约束机制。四川省有关部门也根据当地实际情况制定了相应的地方法规，致力于推动家庭农场等新型农业经营主体发展绿色农业、生态农业、标准化生产、市场营销等能力建设。

就目前的实际情况来看，政策实施效果并不理想，土地确权流转、融资信贷支持、农业保险、农业基础设施建设、生态技术培训、生态补贴等方面的支农政策还未有效贯彻落实，部分地区政策施行过于形式化和行政化，导致支农政策效率偏低。依托家庭农场模式发展现代生态农业仍然存在政策体系不完善的制约。

第4章 国内外依托家庭农场发展现代生态农业的经验借鉴

4.1 国内经验

4.1.1 上海"松江模式"

松江区于 2007 年开始试行家庭农场的经营模式，将传统的兼业户、种粮大户、集体农场转化为家庭农场，通过土地流转、政府政策扶持等举措支持家庭农场的壮大。经过积极探索，松江区的家庭农场经营已经独具特色，成为国内典型的家庭农场实践模式，简称"松江模式"。

截至 2017 年底，上海市家庭农场数量为 4516 户，松江区的家庭农场已经发展到 921 户，约占上海市家庭农场总数的五分之一。松江区家庭农场经营类型主要有机农一体、种养结合和纯粮种植。其中机农一体家庭农场为 676 户，占比 73.4%；种养结合家庭农场为 91 户，占比 9.9%。[①]

同时，依托于家庭农场的生态农业取得了良好的发展成效。首先是松江区注重用地与养地相结合，首创实施耕地质量保险 7.5 万亩，秋播实施绿肥和深翻"三三制"轮作，种植绿肥 2.3

---

① 数据来源于中华人民共和国农业农村部网站.

59

万亩，冬季深翻 12.8 万亩，秸秆还田 15 万亩，提高了土壤肥力和农田质量，有利于整洁农田环境，进一步改善了农业生态环境。① 其次是全区推广粮食生产与生猪饲养的种养结合循环农业，通过绿色防控，采取增施有机肥、减少农药化肥使用等技术和措施，促进了种养结合、生态循环模式的实践与推广，有效改善了农业生态环境，实现了农业生产的生态循环，促进了松江区生态农业的发展。

"松江模式"取得成功的经验可总结如下：

一是土地流转规范高效。集中使用闲置土地，突破了家庭农场及生态农业发展用地的障碍。松江区将全区农村的闲置土地集中起来，制定规范的土地流转合同，经流转的土地由政府出资进行农田整治改造，建设成为高标准农田后再与家庭农场经营者签订规范合同，以承包的形式将土地转租给家庭农场主，并对承包土地的经营做出规定，如不得改变土地的农业用途、不得转租转包，否则取消家庭农场经营资格。

二是严格规范的准入机制。严格规范的准入机制推动了家庭农场的规范发展，有效促进了生态农业的发展。2013 年，松江区政府出台了《关于进一步规范家庭农场发展的意见》，对家庭农场的准入条件、经营规模、劳动力人数、经营活动等做出了进一步规范：家庭农场经营者必须是本村农户家庭，常年务农人员至少在 2 人以上，还要具备相应的生产经营能力和一定的农业生产经验，掌握必要的农业种植技术。② 完备的准入条件避免了家庭农场注册、经营混乱的问题，实现了家庭农场的规范发展。

三是适度规模经营。适度规模经营提高了家庭农场的劳动生产率，提升了生态农业的生产效率。松江区结合家庭农场的生产

---

① 数据来源于上海市农业委员会网站.

② 贺海峰. 坚守"家庭农场"的底线 [J]. 决策，2013（4）：44–46.

能力和经营特征以及家庭成员的劳动能力等，将家庭农场的经营规模进行限制，能够充分发挥规模经济的效益，提高劳动生产率。目前，松江区家庭农场的发展呈现数量越来越少、规模越来越大的趋势。

四是健全的政策扶持体系。健全的政策扶持体系为家庭农场的发展提供了多方面支持。"松江模式"的最显著特点之一就是政府对家庭农场进行补贴。松江区政府为家庭农场提供的补贴不仅包括家庭农场种植直补、良种农药补贴等，还包括土地流转补贴、农业保险补贴、老年农民退休补贴等，这些补贴和优惠政策释放了巨大的政策红利，充分调动了家庭农场主的积极性。

4.1.2 浙江"宁波模式"

农户以市场需求为导向、自发进行工商注册成为宁波家庭农场发展的特色，从而形成了典型的市场主导型的"宁波模式"。"宁波模式"与"松江模式"最大的不同就在于政府不再主导家庭农场的发展，而是以管理者、服务者、监督者的角色为家庭农场的发展做出制度安排，更好地实现了以市场化理念践行家庭农场的目标。

截至 2017 年，宁波家庭农场总数已经达到 4450 余家，其中包含 102 家省级示范性家庭农场和 210 家市级示范性家庭农场，总经营面积达 57 万余亩，户均经营面积达 128.1 亩，年销售农产品总值达 35.6 亿元，家庭农场成为宁波打造绿色都市农业强市的重要力量。[①] 宁波家庭农场的经营范围涵盖了粮食、蔬菜、瓜果、苗木花卉、畜禽等，部分农场还发展了休闲观光农业，积极探索三产融合，延伸了农业价值链条。

宁波依托家庭农场，采用种养结合，以种植业与养殖业形成

---

① 数据来源于宁波市农业局网站.

内循环来实现农业生态化。养殖业要实现零排放，种植业要降低农药和化肥的使用，才能实现宁波打造"绿色都市农业强市"的目标。在畜禽养殖整治上，宁波不断推进畜牧业转型升级，打造畜牧业绿色发展示范市。在农田清洁上，宁波积极推动农业废弃资源的回收处置，进一步改善了农田生态环境。生态促农行动推动了宁波市生态农业的高质量高水平发展。

宁波坚持以生态循环农业建设为重点，以家庭农场为抓手，发展生态循环农业。目前，发展生态循环农业已经取得一定成绩，生态循环农业模式基本形成。

"宁波模式"是典型的以市场为主导的家庭农场发展模式，家庭农场等新型农业经营主体的发展壮大成为推动宁波市构建生态循环农业模式，打造"绿色都市农业强市"的重要力量。"宁波模式"取得成功的经验可总结如下：

一是拥有健全的土地流转机制。宁波将土地规模经营大户和家庭农场作为重点培育对象，鼓励农户以转包、出租、入股、互换等方式实现土地的长期流转，扩展土地权能，并且积极建设土地流转服务体系，此举提高了生态农业规模经营的发展水平。

宁波积极创新土地流转模式，将土地集中连片流转作为绿色生态农业发展的基础，主要表现在以下几个方面：首先是整村整组连片流转，由村组统一规划整理后流转给经营主体。其次是跨村整片委托流转，鼓励区域内农户统一流转土地经营权，以跨村整片流转实现引进项目统一开发。最后是土地股份合作，鼓励农户以土地经营权入股组建土地股份合作社，实现土地流转和收益分红。规范高效的土地流转机制为种养结合、立体种养等新型农作模式提供了应用基础，激发了生态农业的活力。

截至 2018 年 6 月，宁波农村土地流转面积达 151.6 万亩，规模经营率为 69.2%，比全省平均高出 14 个百分点，均居浙江省第一。其中，承包土地流入家庭农场的面积达 40.4 万亩，占流转土地总面积的 26.5%。①

二是推行企业化、品牌化的经营模式。宁波农业发展的市场化程度较高，为家庭农场实行企业化、市场化经营模式提供了良好的基础，能够充分发挥家庭农场作为新型农业经营主体的积极作用，推动现代农业的发展。宁波家庭农场的发展顺应农业商品化、生态农业产业化趋势，大力开展经营方式创新，出现了"家庭农场＋合作社""家庭农场＋公司企业""家庭农场＋合作社＋公司企业"等多种经营模式。

此外，宁波家庭农场注重农产品的品牌化建设，积极进行特色优势产品的商标注册，实施品牌战略。520 家合作社拥有注册商标 531 个，83 家合作社获得市级以上名牌产品认证。通过农产品质量认证的家庭农场有 557 家，有 468 家家庭农场拥有注册商标。②

宁波家庭农场还积极开展"三品"认证，增加优质农产品的供给。在农产品生产过程中，应用无公害蔬菜生产配套技术，通过采用频振式杀虫灯、生物有机肥、农业物联网智能化控制系统等生态化综合防治措施，减少农药使用量。并且，在产品上市前进行农药残留检测，确保农产品质量安全，以无公害、绿色、有机农产品打造生态农业。

三是拥有高素质的新型农业经营者。农场主不仅是职业农民，还是高素质的农业经营者，雇工不仅包括种植能手，还包括大学生、技校毕业生等高素质人才。优秀的农业人才注重创新，能够利用现代科技手段发展新型流通业态和农业运作模式，以此提高农业的核心竞争力。

四是拥有政府的有力支持。2017 年上半年，宁波出台了

① 数据来源于宁波市农业局网站.
② 数据来源于宁波市农业局《宁波市新型农业经营主体发展报告》.

《"十三五"宁波市现代生态循环农业发展规划》《关于加快推进绿色畜牧业发展的实施意见》《2017 年宁波市农业水环境治理行动方案的通知》《宁波市农业局关于实施农业绿色发展七大行动的通知》等文件，为宁波市现代生态农业的发展提供了政策支持。

4.1.3 湖北"武汉模式"

武汉的家庭农场起步较晚，2009 年才开始试点家庭农场的经营模式，2011 年才开始确定发展家庭农场。但是武汉家庭农场的发展十分迅速，并且在家庭农场的实践过程中形成了独具特色的"现代都市城郊家庭农场"，其发展经验被总结为"武汉模式"。

"武汉模式"下，家庭农场以"现代都市农业"为发展导向，具有现代都市郊区农场的发展共性，形成了典型的具有"郊区特色"的家庭农场，家庭农场已经成为武汉市实现从传统农业向现代农业成功转型的重要路径。"武汉模式"取得成功的经验可总结如下：

一是积极推动土地流转，土地集约使用促进了家庭农场及生态农业的发展。多年来的土地流转实践已经使武汉市建立了规范化的土地流转市场和健全的土地流转服务体系。一方面，武汉市依托农村综合产权交易所，积极推动土地资源资产化，探索出"交易—鉴证—抵押融资"的资源资本化模式，使得土地承包经营权等农村权属都可在农交所内挂牌交易、抵押融资，实现了农村资源要素的流动，并在一定程度上为家庭农场等新型农业经营主体解决了融资的问题。截至 2017 年底，农交所已组织各类农村产权交易 3631 宗，交易面积达 134.9 万亩，土地经营权交易价格达到平均每年每亩 566 元。① 另一方面，武汉市政府构建了市区乡三级农村产权交易市场体系，并且建立了土地流转申报制、资质审查机制及农民流转风险防控机制，积极稳步推进土地流转机制建设。

二是政府制定规划，指导家庭农场"连片开发、分类经营"，提供针对性支持。武汉市家庭农场采取"连片开发、分类经营"的模式，由政府对家庭农场的空间布局和经营模式制定详细的规划和标准，以实现土地利用总体规划与都市生态农业的有机结合。

首先是在空间布局上，2012 年，武汉市出台《武汉市现代都市农业发展空间布局规划（2012—2020 年)》，将农业发展空间划分成禁止发展区、限制发展区和适宜发展区三个区域：禁止发展区不能出现畜牧养殖和水产商品化养殖，限制发展区发展绿色防控的种植业和健康生态养殖业，农产品的生产区域主要布局在绕城公路以外适宜发展区。

其次是在经营模式上，武汉市的《家庭农场申请财政补贴项目指南》将家庭农场认定为种植业、水产业、种养综合性及循环家庭型四种类型，并明确四类家庭农场的规模标准、机械化率、技术标准等，强调只有这四类家庭农场的经营受政府政策扶持。同时，注重调整农业结构，满足市民现代都市生活和发展生态农业的需要，将特色种植业、苗木、花卉业、休闲旅游、创意农业和农产品等业态作为发展重点。

三是严格准入限制，提高了家庭农场的总体发展水平。2016年，武汉市经管局下发《武汉市家庭农场认定管理小法》，对家庭农场的准入设置了较高的门槛。首先是对经营者资质的限制，武汉市家庭农场主必须是武汉市常住人口并具有初中及以上文化

---

① 数据来源于武汉市农业委员会网站.

程度；其次是对经营收入的限制，家庭农场的农业经营收入要占农业总收入的 80％以上。[①]

四是政府提供相关政策扶持。

首先是在社会化服务支持上，建立了农技、农经人员联系家庭农场制度，为家庭农场提供农业技术推广、质量检测检验等服务，支持有条件的家庭农场建设试验示范基地，参与实施生态农业技术推广项目。武汉市成立了湖北生态农业品牌创新联盟，由联盟挖掘各地特色生态农业品牌，依托农商互联平台对接武汉乃至全国消费市场，做大做强武汉生态农业。

其次是在人才支持上，积极建设新型职业农民、农村实用人才等人才培训项目平台，对家庭农场经营者进行培训，落实农业职业教育制度，鼓励家庭农场经营者取得职业资格证书或农民技术职称，鼓励农业职业院校毕业生、农村实用人才和务工经商返乡人员等兴办家庭农场。

4.1.4 安徽"郎溪模式"

郎溪县在依托家庭农场发展现代生态农业的过程中，重点发展生态观光、休闲度假、农事体验、养生养老等新产业，通过稻渔综合种养，发展稻田摸鱼、赏荷采莲、垂钓泛舟等休闲体验活动，积极探索新模式，形成了休闲、观光、农业、旅游有机结合的新型农业产业形态，改善了农业生态环境，助推了生态农业的发展。

"郎溪模式"立足于市场，充分发挥家庭农场主的主体地位，以政府和协会的引导和服务为保障，推动家庭农场的形成和发展。"郎溪模式"取得成功的经验可总结如下：

一是充分发挥农场主的主体地位。2008 年，党的十七届三

---

① 资料来源于武汉市农业委员会《武汉市家庭农场认定管理办法》.

中全会通过了《中共中央关于推进农村改革发展若干重大问题的决定》，提出有条件的地方可以发展专业大户、家庭农场、农民专业合作社等规模经营主体，郎溪县的家庭农场如雨后春笋般涌现出来。郎溪县农场主积极发挥主体地位，坚持市场引领，创造性地发展了多种家庭农场经营模式，形成了"场市联动""场场联合""场企联盟"等多种不同的家庭农场经营形式。

二是当地政策的大力支持。

首先，当地政府部门出台了《郎溪县家庭农场认定办法》《家庭农场注册登记实施细则》等文件，确定了家庭农场的经营类型必须以粮油种植为重点，围绕郎溪县茶叶、水产、畜牧、蔬菜、水果、烟叶、花卉苗木等特色主导产业建设，且家庭农场的生产经营规模必须达到相关的认定条件，这为家庭农场的规范化发展提供了制度保障。

其次，当地政府扶持建立示范家庭农场。每年对家庭农场的经营效益、生态效益、社会效益等进行综合评价，评选出示范家庭农场并给予现金奖励，此举激发了农户创建家庭农场的积极性，促进了郎溪县家庭农场生产经营向规模化、标准化和品牌化发展。

结合基层农技推广补助项目和农技人员包村联户活动，郎溪县县农委每年组织农业技术干部指导家庭农场开展标准化生产和农业新技术应用。[1]

三是积极组建家庭农场协会。2009 年，郎溪县组建了全国首个家庭农场协会，到 2016 年为止，协会成员数量已经由最初的 50 个发展到 180 个。[2] 协会成员由实现了产业化、规模化经

---

[1] 张业辉. 宣城市家庭农场发展现状及对策建议 [J]. 安徽农学通报，2013，19（24）：7-8.

[2] 数据来源于中国农村网《安徽郎溪：联合小农场开拓大市场》.

营的优秀家庭农场主组成，依靠其示范作用和辐射带动作用，吸引小规模农户或专业大户升级为家庭农场，并引导他们解决家庭农场发展过程中遇到的问题和困难。

4.1.5 吉林"延边模式"

延边朝鲜族自治州（以下简称延边州）在推进家庭农场建设中，积极鼓励生产和使用生态有机肥，大力推广生态增产技术，打造生态农业的延边品牌[①]，突出延边大米、人参、食用菌、黑木耳、黄牛、苹果梨、小粒黄豆等特色优势农产品，培育特色优势种养带和特色乡村，通过家庭农场的带动辐射作用，推动生态农业发展。

多年来，延边州大力发展家庭农场，全州生态农业步伐不断加快，有效破解了"三农"难题。延边州关于家庭农场模式的积极探索和实践，产生了一系列具有借鉴意义的经验，可以归结为"延边模式"。"延边模式"中政府为家庭农场发展现代生态农业提供了重要的政策支持，并且建立了社会保障机制，为有农地流转需求的农民消除了后顾之忧，推动了延边州家庭农场的形成和发展，也推动了延边州生态农业的高质量发展。"延边模式"取得成功的经验可总结如下：

一是经济组织多元化。延边州家庭农场的经营主体不再局限为家庭成员，农村种田大户、合伙人、城乡法人或自然人等经济组织都可以通过流转农民土地实现土地的集中经营，这就实现了经济组织多元化。

二是资格认定标准严格。延边州对家庭农场的资格认定标准较为严格，不仅要依法签订土地流转合同，土地经营规模也有分

---

① 林宏，张红玉. 松原市积极建设绿色农业城 [N]. 吉林日报，2018－09－21.

类标准：水田、蔬菜和经济作物经营面积要达到 30 公顷以上，其他大田作物经营面积要达到 50 公顷以上；土地流转期限相对较长，一般为 10 年及 10 年以上。①

三是拥有完善的保障机制。延边州为消除农民流转土地的后顾之忧，建立了较为健全的保障机制，既保障了土地流出农户的利益，又激发了农户流转土地的积极性。具体包括：①稳定农民土地收益权，保证现行土地承包关系的长久不变。②家庭农场经营获得超额利润时，给予农户利益补偿。③离开本村的农民依然享有原农村集体经济收益权。

4.2　国外经验

4.2.1　美国家庭农场发展经验

美国家庭农场的发展有近两百年的历史，已经形成了典型、成熟的组织结构、经营模式、管理制度和扶持政策。家庭农场为美国农业的发展提供了基本支撑，是美国农业经济发展的主体，并且将继续成为美国农业的核心竞争力。

美国农业部将农场的组织形式划分为家庭农场、合伙农场、公司农场和其他农场四类，合伙农场大都以家庭农场为载体，公司农场也大都为家庭农场所控股，所以家庭农场是美国农业发展的基本特征和主要经营体。

4.2.1.1　美国家庭农场的特点

一是专业化。美国政府将全国的耕地按照气候、土地类型、区位等因素划分为十个农业带，不同的农业带分别负责生产一到

---

① 资料来源于延边朝鲜族自治州农业委员会《吉林省延边州土地流转与规模经营调查报告》。

两种农产品，区域化的布局实现了生产的专业化。例如，北部平原区集中生产小麦；中部平原区地广人稀，水源充足，土壤肥沃，交通便利，适宜发展商品谷物农业，则集中生产玉米；南部平原区和西部山区则主要发展畜牧业。

二是机械化。美国家庭农场的生产已经实现了全部机械化标准作业。一方面，农业人口的稀少和耕地资源的丰富是其能够实现机械化操作的前提；另一方面，强大的经济实力和科技实力为其农业的机械化操作提供了实现条件。大规模的家庭农场还配备有直升机、无人机等进行耕作管理，从土地整合、播种、施肥、灌溉、收割等环节实现机械化操作。

三是信息化。美国政府大力发展农业信息化，使农民可以通过网络及时了解国内外农产品市场信息。家庭农场主大都建立了自己的网站，可以链接到各级政府机构的农业信息中心、大学及科研机构等相关数据库，获取关于新技术、新品种、动植物病虫害防治、农产品市场价格波动、农产品期货市场行情等的相关信息，有效降低了家庭农场的经营风险。

四是生态化。美国十分重视生态安全和资源的可持续发展。在农业生产上施行了"休耕保护储备计划"。"休耕保护储备计划"是由农业服务机构（FSA）管理的耕地保护计划，参加该计划的农民将脆弱敏感的土地休耕，而不用于农业生产，每年都可以获得土地租金。"休耕保护储备计划"的目标是恢复土地价值，改善土质，防止水土流失，并减少野生动物栖息地的损失。

4.2.1.2 美国依托家庭农场发展生态农业的做法

一是土地市场化交易，推动了家庭农场规模化经营。美国自建国以后，联邦政府就积极推动土地私有化，使土地成为农民的私有财产，农民拥有土地的所有权，可以使用、出售、租赁、转让、抵押等，农民的土地权利受到法律制度的保障。私有化的土地制度成为美国家庭农场的农业经营制度的基础，允许土地的有偿买卖在一定程度上推动了家庭农场的规模经营。

二是机械化程度高，节约了劳动力的使用。长期以来，美国的农业劳动力由家庭农场主要经营者及其家庭成员和雇佣工人两类组成。由于机械化提高了农业生产率，减少了对劳动力的需求，这两类就业人员数量呈下降趋势。

三是资金来源多元化，解决了家庭农场融资困境，促进了生产经营规模扩大。家庭农场作为美国农业经营生产的主体，是政府扶持和财政补贴的主要对象。2017 年，美国家庭农场的农作物现金收入总额达到 1983 亿美元。此外，所有农场家庭总收入中位数是 76250 美元，超过了所有美国家庭收入的中位数 59039 美元。① 政府强大的农业补贴为家庭农场的高收入提供了重要支撑。

四是技术水平高，促进了家庭农场及生态农业的产品质量提升，更好地满足了市场需求。美国积极投入农业生物技术的研发，运用遗传学技术使粮食种子具有抗寒、抗旱、抗病虫害等优良基因，在增加粮食产量的同时保证了农产品的品质。生物技术在生态农业中的应用给农民、生产者和消费者都带来益处。②

五是农场主具有企业家才能。美国家庭农场是现代化的家庭农场，农场主能够利用现代化的经营管理理念实现农场利润的最大化。他们用生物技术提高农产品的产量和品质以更好地满足市场需求，用机械化操作提高生产效率以节省人力资源。

4.2.2　法国家庭农场发展经验

4.2.2.1　法国家庭农场的认定

法国家庭农场的定义与我国基本相似，但是在家庭农场的认

---

① 数据来源于美国农业部网站.
② 数据来源于美国农业部网站.

定上，还规定其规模必须与家庭劳动力的供给水平相适应，同时还要建立完整、正规的会计核算制度体系，实行生产经营企业化管理。此外，还要求家庭农场在保护生态环境的可持续发展和生物多样性方面发挥核心作用。①

4.2.2.2　法国家庭农场的类型

法国家庭农场的类型主要包括谷物农场、畜牧农场、蔬菜农场、水果农场、花卉农场等，其基本实现了专业化经营。家庭农场主依据农业条件和区位优势等专营一到两种农产品。目前，法国的家庭农场中，有60％经营谷物，有11％种植花卉，有8％经营蔬菜，有5％经营养殖和种植水果，其余农场为混合经营。②

4.2.2.3　法国家庭农场的特点

一是生产经营专业化。法国家庭农场主要分为畜牧、谷物、水果、蔬菜、花卉等专业化农场，且均实现了专业化生产。通常来说，农场只关注生产环节中农产品的品质，运输、加工、销售等环节会由专业的服务机构来负责。③

二是有着较高的机械化水平。目前，从小麦、玉米等谷物的生产到禽类饲养，均已实现全程机械化。从农业发展中的农地整合、作物播种、田间管理到收割、清选、储藏、加工、包装等，都有相应的机械供应。由此可见，法国的机械化作业已经达到世界领先水准。④

三是政府的农业补贴多。首先是欧盟的农业补贴多。法国是

---

① 杜志雄，肖卫东. 家庭农场发展的实际状态与政策支持：观照国际经验 [J]. 改革，2014 (6)：39-51.
② 丁忠民，雷俐，刘洋. 发达国家家庭农场发展模式比较与借鉴 [J]. 西部论坛，2016，26 (2)：56-64.
③ 陈丹，唐茂华. 家庭农场发展的国际经验及其借鉴 [J]. 湖北社会科学，2015 (4)：78-82.
④ 金攀. 法国农业机械化的发展与启示 [J]. 当代农机，2013 (5)：55-56.

欧盟农业补贴的最大受益国，其农业收入三分之一以上来自欧盟的农业补贴[①]，欧盟为法国农业提供的巨额补贴，在一定程度上刺激了法国农业的发展。其次是法国政府的补贴较多。1994 年之后，法国政府开始施行农业直接补贴，通过银行直接将补贴划到农民账户，同时还增加生产环节的补贴。[②] 此外，法国政府还为国际市场农产品价格与农产品实际出口价格的差额给予农场主差价补贴。

四是拥有发达的合作社体系。2010 年，法国农业合作社发展到 16400 家，吸引了超过四分之三的家庭农场加入。[③] 农业合作社提供了从选种、育肥、技术指导到田间管理、收割、储藏、质检、运输、销售等环节的全方位服务，完善的服务体系为家庭农场的高效生产提供了保障。

五是家庭农场推动生态农业发展的作用显著。2012 年，法国的生态农业总面积为 1032941 公顷，2016 年已经超过 153 万公顷，2012—2016 年，生态农业的面积增长了 49.1%。法国生态农场数量已经从 2001 年的 10364 万个增加到 2016 年的 32264 万个，可见，发达国家的农业现代化进程都朝着生态化的方向发展，建设生态农场符合市场环境的要求，依托家庭农场模式发展生态农业是可行的，也是有效的。

六是重视农业保险。法国的农业保险形成了较为完备、成熟的体系。法国农业保险机构由政府出资设立，专营农业保险，政府对农业保险机构提供直接财政补贴，分摊农民保费，这个举措

---

① 农业部赴法国农业税费与对农民补贴制度考察团. 法国、欧盟农业补贴政策及对我国的几点启示 [J]. 农村经营管理，2004 (11)：45－47.

② 吴夏梦，何忠伟，刘芳，等. 国外家庭农场经营管理模式研究与借鉴 [J]. 世界农业，2014 (9)：128－133.

③ 农业部欧盟农业政策考察团，张红宇. 从英法农业现状看欧盟共同农业政策的变迁 [J]. 世界农业，2012 (9)：1－5，139.

提高了农民参加农业保险的积极性，为家庭农场在发展过程中面临的各类风险提供了重要保障。[①]

4.2.2.4 法国政府对家庭农场和生态农业发展的支持经验

一是政府重视人力资源开发。政府对农业生产从业者有着严格的准入门槛，要求其获得行业标准文凭或相关证书才可以从事农业生产。例如，农业工人要获得职业能力证书，农业技术人员要取得相应的农业技术证书等。[②]

法国家庭农场的劳动力主要是家庭内部成员，雇佣劳动力的家庭农场比重不足 11%。农场主要经营家庭农场，其条件较为苛刻，需要有农业相关技术证书才可以独立经营家庭农场，受教育程度要达到大专及以上水平。

法国政府相当重视人力资源的开发，建立了完备的农业教育体系，涵盖中等农业职业技术教育、高等农业教育和农民职业教育三种类型，分别培养农业经营者、生产者、高级技术人员、各类农业工程师和农业院校教师等。[③]

2013 年的欧盟农业结构调查结果显示，法国的农场管理人员不仅受教育水平较高，还接受了较为全面的专业农业培训，60%的人员接受过农业职业培训，这促进了生态农业的发展。[④]

二是政府提供资本支持。政府为家庭农场的发展提供了大量补助，如机械补贴、适度规模经营补贴、种子补贴、耕地补助等，中型家庭农场每年可获得 3 万欧元的补贴，大型家庭农场可

① 陈珏. 法国、印度、日本农业保险体系探析及启示［J］. 世界农业，2016（7）：188-191.

② 陈丹，唐茂华. 家庭农场发展的国际经验及其借鉴［J］. 湖北社会科学，2015（4）：78-82.

③ 陈书娴. 法国农业教育对推进我国农民职业化的启示［J］. 中国农业教育，2013（1）：16-18.

④ 数据来源于欧盟统计局网站.

获得 5 万~10 万欧元的补贴。① 同时还补贴家庭农场主参加继续教育或技能培训的相关费用，减轻了家庭农场的资金负担。

三是政府支持建立农业科技推广体系。政府根据农业产业链各环节的需要建立了国家、地方、农场三级农业科技推广体系，涵盖了政府、农协、企业、科研单位等。技术研究机构利用农业基础研究结果进行应用研究与实地试验，试验成功后由农协、农业合作社、农技人员等推广给农户，这样就实现了产、学、研的紧密衔接。②

家庭农场与规模较大的工商企业通过订立合同，分工合作形成农工商综合体，工商企业提供农场生产资料以及相关农业服务，家庭农场则专事生产，保证农产品的数量、品质、交付时间等符合合同规定，而不需要考虑农产品的加工、销售等内容，摆脱了依靠经验种植的弊端，减少了自身的经营风险。

农产品生产合作社一般是由具有血缘关系的亲属参与组建的家庭农场组成，成员以现金或实物的形式出资，共同劳动，共同使用生产资料，分工协作，经营所得按出资份额分配。

农业协会的主要职能是进行经济分析和市场行情研究，为农户提供市场供求信息和农业技术培训，并帮助家庭农场分析政府发布的农业政策，同时向政府提供反馈信息。

4.2.3　日本家庭农场发展经验

4.2.3.1　日本家庭农场概况

日本农业经营体可以划分为家庭经营体和组织经营体。家庭

---

① 朱学新. 法国家庭农场的发展经验及其对我国的启示 [J]. 农村经济，2013 (11):122−126.

② 孟莉娟. 美国、法国、日本农业科技推广模式及其经验借鉴 [J]. 世界农业，2016 (2)：138−141, 161.

经营体是以家庭劳动力为主，以农户为单位从事农业经营活动，并且拥有经营决定权的农业经营主体，包含单户法人的情况。除此之外的农业经营体则均属于组织经营体的概念范畴。①

日本家庭农场既可以由一家农户独立组建，也可以由多家农户、其他农业生产法人联合组建，但农户必须在家庭农场中占支配和主导地位。②

4.2.3.2 日本家庭农场的数量及规模

2017年，日本农林水产省公布的数据显示，日本家庭农场的数量在122.3万个左右，经营面积不足1公顷的家庭农场占比达53.9%，经营面积为1~5公顷的家庭农场占比为38.1%，而经营面积在30公顷以上的家庭农场只占1%。③可见，日本的家庭农场数量较多，但是经营规模都较小，采取的是精耕细作的农业生产模式，小型家庭农场已经成为日本农业发展的中坚力量。

4.2.3.3 日本家庭农场的特点

一是规模有所扩大。近年来，日本政府不断修改《农地法》，放宽对土地租赁的限制，同时为扩大经营规模的家庭农场给予资金援助和补贴，这使得日本家庭农场的规模有扩大的趋势。

二是有机农业发达。目前，日本用于有机农业的农业用地比例正在逐步增加，日本政府积极支持有机农业发展，如提供农业工作咨询、信息服务、技术和管理培训，支持农民从传统农业向有机农业过渡，通过使用电子商务及与其他行业合作等实现销售方式多样化，简化有机农业认证制度，发展农业技术，进行消费者教

---

① 周应恒，胡凌啸，严斌剑. 农业经营主体和经营规模演化的国际经验分析 [J].中国农村经济，2015（9）：80-95.

② 杜志雄，肖卫东. 家庭农场发展的实际状态与政策支持：观照国际经验 [J].改革，2014（6）：39-51.

③ 数据来源于日本农林水产省网站.

育，增强消费者对有机农业的理解和对有机农业的消费意识等。

三是注重农产品品牌化。日本农场主充分立足本地资源优势，开发具有地方特色的精品或"拳头"产品，发展品牌化农业[1]，注重品牌的树立和农产品的深加工，"一村一品"已经成为农产品发展的主要趋势。日本农场主在农产品生产方面并不片面追求高产，而是不惜成本提高农产品的营养价值、口感、外观等，以高品质产品实现农业的高附加值。

此外，日本政府还十分重视区域品牌的培养，并通过行政手段给予支持，尤其重视对相关设施的财政支持和对加工食品的认证支持等。

4.2.3.4　日本依托家庭农场发展生态农业的经验

一是政府推动土地规模化使用。日本政府致力于实现农业的规模经营。2005—2015 年，日本农业经营体的农地经营规模呈现不断扩大的趋势，经营土地面积不足 1 公顷、1～5 公顷的农业经营体占比不断减少，而 10 公顷以上的农业经营体占比则不断扩大。[2]

二是政府重视农业人才培养。日本政府十分重视对年轻人的培养，主要通过为家庭农场提供经营经费以及为年轻人减免在农业学校等研修的相关经费来加大对年轻人的培养力度。从 2013 年开始，日本政府设立了海外留学支援制度，为农林类学生海外留学提供资金支持。到 2017 年末，海外留学支援制度已经支持了 137 名农业大学生和 15 名农业高中生的海外留学活动。[3]

日本政府十分重视农业经营者的继续教育和技能培训，为了

---

① 吴珍彩. 日本家庭农场发展的特点及对中国的启示 [J]. 黑龙江畜牧兽医，2015 (18)：4—7.

② 数据来源于日本农林水产省网站.

③ 数据来源于日本农林水产省网站.

加强其经营管理能力和领导能力，开设了农业经营学院，向农业经营者提供市场营销、组织运营等培训课程。

三是建立了农村金融体系。日本政府建立了合作金融与政策金融紧密配合的农村金融体系。合作金融体系以农协为运行要素，满足农户的资金需求，为农户提供不用担保的低息贷款。政策性金融体系以农林渔业金融公库为农业经营者提供长期低息贷款。①

四是重视技术作用。日本十分重视对农业科研、生物技术和教育的投入开发，通过在农业领域应用人工智能、物联网、机器人等突破性技术，提高农业生产的效率。例如，利用人工智能技术及早发现牲畜疾病这一方法已经得到广泛应用。人工智能系统可以自动收集牲畜的相关生物信息，并进行实时监控，发生特殊情况能及时报告。这样既能及时进行牲畜疾病防控，又可以减少劳动力负担。2016 年，日本政府实施了"未来农业生产中利用人工智能技术的研究项目"，旨在推动人工智能技术在农业领域的应用。

五是政府支持建立健全的社会化服务体系。日本政府拥有健全的社会化服务体系，将家庭农场从繁重的农业生产中解脱出来，降低了家庭农场经营的成本，提高了劳动生产效率。提供完善的社会化服务的主体是日本农协。日本农协的服务内容主要包括：一是农产品的收购和销售，将从农户中收购的农产品进行加工包装后销往市场；二是农业信贷和保险，以农林中央金库资金为社员提供优惠的信贷业务，并开展养老保险、财产保险等业务；三是协助政府推广新技术、新品种，为社员提供经营计划帮助；四是为社员提供农业生产资料以及生活资料等。②

---

① 雷德雨，张孝德. 美国、日本农村金融支持农业现代化的经验和启示 [J]. 农村金融研究，2016 (5)：50-54.

② 胡长敏. 日本农业协同组合在农业生产中的作用及其对中国家庭农场发展的启示 [J]. 北方农业学报，2016，44 (6)：124-126.

第5章 促进四川省依托家庭农场模式发展现代生态农业的政策建议

5.1 制定依托家庭农场发展现代生态农业的发展规划

家庭农场是发展现代生态农业的重要主体，所以依托家庭农场模式发展现代生态农业是四川省实现农业转型升级的战略选择，也是实现新型农业经营主体和现代生态农业发展有机衔接的有效路径。适时制定并完善依托家庭农场模式发展现代生态农业的发展规划，形成系统的发展战略与实施计划，是四川省实现"生态立省"的目标和推动农业转型升级的重要保障。

四川省要结合省内各区域的地理环境、农业资源禀赋、特色优势产业等对四川省家庭农场的发展进行整体规划和合理布局，依实际情况，对家庭农场的注册资金、家庭成员数量、经营规模、土地流转规模、人员户籍、人员学历水平、雇工人数等方面做出详细的规定，建立家庭农场的准入和退出机制。同时，还要建立经营考核机制等监督机制，并提供各类生产要素支持，以推动四川省家庭农场与生态农业的快速健康发展。尤其要注意兼顾实现经济效益、社会效益与生态效益。

5.2　选择重点产业及家庭农场加以扶持

四川省依托家庭农场模式发展现代生态农业要采取"政策支持、重点扶持、示范引领"的方式，首先，要制定依托家庭农场模式发展现代生态农业的规划，从规划的编制、建设方案确定和实施过程中，健全支持家庭农场发展现代生态农业的政策体系，提供全方位、多层次的支持政策，为家庭农场等新型农业经营主体的发展保驾护航。

其次，要重点扶持一批经济效益好、社会效益好、生态效益好的重点产业及相关农业项目建设计划，大力发展生态食品加工、生态教育、生态艺术、生态体验、生态观光、生态旅游等产业形态，打造具有特色和优势的重点产业和生态农业项目，发挥示范带动作用，加强农业与其他产业之间的融合，推动四川省现代生态农业体系构建。

最后，要发挥依托家庭农场模式发展现代生态农业的示范引领作用。根据四川省不同区域家庭农场及现代生态农业的建设情况，确定依托家庭农场模式发展现代生态农业的创新试点区域，开展改革试点工作，并树立典型家庭农场发展样板，推广试点经验，并组织各级政府及相关部门考察学习。

5.3　构建多主体投入的资金支持体系

首先，政府财政支农资金的投入对农村经济的发展具有至关重要的作用。目前，政府财政支农资金的投入数量相对于农业转型的要求还偏低，而且财政支农资金的投入结构也存在不够合理之处，因此要解决家庭农场资金困境，就需要政府加大财政支农资金的投入，积极进行农业基础设施建设，加大对家庭农场，特别是休耕轮作农户及发展现代生态农业的家庭农场的补贴力度。同时，针对目前财政支农资金投入不合理的地方调整资金投向，增加对农业科研和生态技术推广的支持，建立财政支农资金稳定投入机制。

其次，由于农业经营缺乏有效抵押物，金融机构贷款风险较大，而土地承包经营权是农业经营中最具价值的资产，因此，可由银行发放经营权抵押贷款，同时由政府组织信用评级机构为新型农业经营主体提供征信评级。也可由地方政府在银行专设风险保证金作为后盾，建立新型农业经营主体、银行、政府三方风险分担机制，分散贷款风险。政府可出资设立政策性农业信贷担保机构，开发适合家庭农场及生产经营联合体的担保业务和担保产品，构建灵活的担保机制。

同时，金融机构的涉农贷款期限、额度、结构均有不够合理之处，与农业资金需求周期不匹配，因此，金融机构应针对农业经营主体的资金需求，积极创新下乡支农金融产品、资金供给模式和服务方式等，完善乡村金融服务体系。新型农村金融机构应积极增加乡村网点数量，创新信贷方式，提高新型农村金融机构的支农能力。

再次，发挥政策性农业保险的作用，完善针对新型农业经营主体的保险产品体系，扩大农业保险的覆盖范围，丰富保险品种，例如，推出家庭农场的融资保险，增强农民抵御市场风险和自然风险的能力。应加强银行等金融机构与农业保险机构的合作，为投保农业保险的家庭农场提供贷款支持，解决家庭农场缺乏抵押物的难题。同时，应积极宣传、普及农业保险知识，加强家庭农场等新型农业经营主体的农业保险意识，鼓励他们积极参保，为发展生产消除后顾之忧。

5.4　健全土地流转机制

推动农地适度规模化经营可有助于突破依托家庭农场模式发展现代生态农业面临的规模化经营困境。

一是完善涉及土地流转的法律法规。我国农村改革虽然实现了所有权、承包权、经营权三权分置和经营权流转的制度创新，但是相关法律法规尚未形成完整体系。例如，现行法律法规中并未对农村土地流转的相关权利进行明确的界定与划分，因此应尽快完善涉及农村土地流转的法律法规，以明确界定相关权利。四川省要抓住成为全国首批整省推进农村承包地确权登记颁证工作的试点省的机会，以成都土地确权流转的先行实践为指导，推进全省的土地市场化流转，以土地流转的实践为法律法规的完善提供参考。

二是健全土地流转机制。四川省其他地区可主动借鉴泸县宅基地制度改革的经验，在明晰产权的基础上，规范土地流转程序，建立多级审查主体，对土地流转规模、流转用途、流转合同等进行严格审查；完善合同条款，对流转合同进行备案登记，防范流转风险，避免因书面协议不完善等问题引发的流转纠纷。此外，还要规范土地流转市场，政府和农村土地流转中介组织要尊重农户意愿，在保护农户利益的基础上增加农村土地进入市场的机会，为农村土地流转营造良好的发展环境。

5.5　完善农业人才教育体系

一是积极扶持农业从业者，给予基础设施配备、农地流转、税收优惠、收入补贴、生态技术投资等方面的支持，使其成长为能够提高农业经营效率和发挥生态农业规模效益的新型职业农民。

二是重视农业人才的培养，吸引、激励、支持大学生，尤其是农林类专业的大中专毕业生到乡村创业。一方面，政府要构建涵盖职业教育、技术教育、生态教育等类型的农业教育体系，为生态农业创业项目的孵化提供指导。[①] 另一方面，农业院校要创新人才培养方式，不仅要进行理论教学，还要重视实地培训。此外，农业科研院所应为家庭农场提供生态技术和人力资本支持。

三是政府要建设共享信息平台，为农民提供公益性质的农业学习和教育平台，引导家庭农场经营向现代化、信息化、生态化发展。注重对农民的技能培训和继续教育，提升其管理能力与知识水平，并积极组织农民参加各类农业博览会和相关海外交流活动。

5.6　健全社会化服务体系

家庭农场以家庭为单位从事农业生产经营，相比大企业具有小而分散的特点，单纯依靠单个分散的家庭农场发展现代生态农业会面临诸多约束，因此，相关部门应为家庭农场的发展建立健全社会化服务体系，以服务水平的提高为家庭农场的发展营造良好的氛围。

第一，政府要牵头组织建立涉及教育、科研、金融、法律等的农业公共服务体系，为农业发展提供生产领域、流通领域、信息领域、技术领域等宽领域的农业服务。

第二，专业协会要组织建立为农业生产提供市场化、专业化服务的民营服务体系。农业全产业链条的龙头企业要形成高度专

---

① 李继刚. 发展家庭农场的国际扫描与镜鉴 [J]. 山东农业大学学报（社会科学版），2018，20（1）：6，34−40.

业化、组织化的分工系统，形成产销一体化服务。

第三，家庭农场之间要积极组建合作联合体，依靠技术合作和信息共享形成农业合作体系，为家庭农场的经营管理活动提供多方位的服务。同时，家庭农场合作联合体可以促进农民与政府、市场之间的信息交流，形成合作共赢。

5.7 积极组建农业产业化联合体

2017 年，农业部、国家发展改革委、财政部、国土资源部、人民银行、税务总局联合印发了《关于促进农业产业化联合体发展的指导意见》，文件指出"农业产业化联合体"是龙头企业、农民合作社和家庭农场等新型农业经营主体以分工协作为前提，以规模经营为依托，以利益联结为纽带的一体化农业经营组织联盟。"农业产业化联合体"有助于推动产业链上下游长期合作，推进现代农业经营体系构建和农村一二三产业融合发展。

家庭农场在农业产业化联合体中发挥基础主体作用，通过与龙头企业和农业合作社开展合作，实现资金、技术、品牌、信息等要素的融合共享和产加销一体化经营，以期为家庭农场节约成本，增加经济效益。家庭农场应围绕主导产业进行种养结合、粮经结合、种养加一体化布局，积极发展绿色农业、循环农业和有机农业，推动科技、人文等要素融入农业生产各个环节，发展体验农业、康养农业、创意农业等新业态，依靠组织化水平的提高带动现代生态农业的建设。

截至 2017 年末，四川省共有产业化龙头企业 4460 家，龙头企业总共带动农户 1484.5 万户，占全省年末乡村总户数的71.9%。全省共有以农业生产经营或服务为主的农民合作社 6.4

万个，31.7％的农民合作社实现了标准化生产。[①]　笔者认为，只有积极推动农业产业化联合体的建设，依靠产业链的分工合作发挥各类经营主体的优势，才能加速推动家庭农场与生态农业的发展。

5.8　健全示范家庭农场评定机制

经济效益与生态效益并举是家庭农场能够发挥示范引领作用的判定条件，四川省要健全现有示范家庭农场的认定方法，设置经济收入基准线，并对其实行动态监测，以农业经营收入作为示范家庭农场的入选与淘汰的评定标准之一。

同时，要将家庭农场带动农户发展的数量和成效作为评定示范家庭农场的一项重要参考依据，以此鼓励家庭农场在农业农村发展、乡村振兴等方面发挥引领作用。此外，还要综合考虑家庭农场在农业人才、三产融合、品牌培育等方面的绩效，支持在这些方面取得突出成果的家庭农场申报示范家庭农场。

5.9　完善支持家庭农场发展现代生态农业的政策体系

要完善支持家庭农场发展现代生态农业的政策体系，就要从完善财政税收政策、加强农业基础设施建设、改善金融信贷服务、扩大保险支持范围、鼓励扩展营销市场、支持人才培养引进等方面着手。

针对支农政策效率低的问题，政府需要提高支农政策的精准性，将家庭农场，尤其是发展现代生态农业的家庭农场纳入现有

---

① 数据来源于《促改革强生产惠民生农村经济成就辉煌——改革开放 40 年四川经济社会发展成就系列报告之三》。

支农政策的扶持范围，并予以倾斜，重点支持家庭农场稳定经营规模、改善生产条件、提高技术水平、改进经营管理等，支持家庭农场开展农业新技术应用、"三品一标"认证、农产品质量安全追溯等工作。①

同时，针对提高涉农资金的使用效率的问题，应贯彻落实国务院下达的《国务院关于探索建立涉农资金统筹整合长效机制的意见》，积极探索建立涉农资金统筹整合长效机制，实现涉农专项转移支付和涉农基建投资的分类统筹整合。制定资金管理办法，明确政策目标、扶持对象、补助标准、实施期限、绩效管理等，以提高财政资金使用绩效，并建立、整合绩效评价制度，以绩效考核结果实行奖补。②

此外，各级政府要统筹规划家庭农场等新型农业经营主体的土地指标问题，解决其面临的生产、附属及配套设施用地不足的困难。各地根据实际情况，对新型农业经营主体发展较快、用地集约且需求大的地区，适度增加年度新增建设用地指标。通过城乡建设用地增减挂钩节余的用地指标，优先支持新型农业经营主体开展生态农业经营。允许新型农业经营主体依法依规盘活现有农村集体建设用地，以发展新产业。

---

① 资料来源于四川省农业厅网站.

② 资料来源于《四川省人民政府关于探索建立涉农资金统筹整合长效机制的实施意见》.

附录 成都市某家庭农场发展情况的调研报告

1. 总体情况

该家庭农场位于四川省成都市天府新区某村，占地 500 余亩，系四川省绿色有机农产品示范基地、天府新区现代农业发展样板、"美丽新村"建设项目。该农场通过了家庭农场认证，以有机农业和绿色健康生活为发展理念，将国家一级农业科技和现代人对绿色健康的追求融入各类有机蔬果（包括食用菌、水果、红薯等一系列有机产品）的种植。经营范围涵盖生态餐厅、生态种养、蔬果采摘、垂钓、旅游度假、休闲观光、扩展培训、会议和大型婚宴等，是把传统农业种植升级到融生产、生活、生态为一体的现代农业绿色农场。

家庭农场主为男性，本科毕业，非本村户籍。

目前，该家庭农场通过股东出资的方式筹集资金。政府在基础设施建设方面为农场提供了支持，农场未获得财政支农资金和银行贷款支持。目前，已注册成立农产品有限责任公司、田园书画院。田园书画院以农场为平台，建立高校学生的写生基地，实现三产融合，业务范围涵盖组织理论和学术交流、书画展览策划和举办、书画作品的创作与评选等。

该家庭农场流转土地的来源主要是通过与村委会、农户协商合作，签订合同，实现自愿流转。农场支付的土地租金依土地性质而定，适宜耕种的土地以大米的市场价折算支付，而不适宜耕种的坡地等以玉米的市场价折算支付。

该家庭农场用地多为坡地，地形限制下难以大规模利用农用机械，而且农业机械的投入成本较大。同时农产品多为小规模种植，所以农场的农用机械数量较少，在需要农机操作时主要通过外包方式，利用农机公司专业化的操作进行种植和采摘。

该家庭农场大部分农产品的种植采用立体农业的理念，充分利用空间将不同农产品组合起来，实现了土地资源的高效利用和产品差别化。例如，地下种植红薯，地上种植玉米，同时利用玉米上方空间种植特色产品红心猕猴桃，同一块土地上三种农产品的共同种植实现了土地的集约高效利用。

农场雇佣人员多为餐饮住宿服务人员、专业技术人员以及农业人员。农业人员多为附近与农庄签订流转协议的农户，既能获得土地租金收入，又能获得工资收入，实现就近就业，还能减少农庄经营成本。

由于家庭农场整体经营时间较短，资金投入规模较大，而农业资金回收周期较长，农场自成立以来还未实现盈利。目前主要依靠餐饮收入、农产品的线上线下销售等维持农场日常运营开支。

2. 经营形式

（1）"农庄＋基地"模式

成立之初，该家庭农场采取单一的经营模式——饲养兔子，虽然前期有所盈利，但自从天府新区落成以来，政府规定"为保护生态环境，禁止大规模饲养活物"，因此，其经营范围由饲养兔子转向后期单一种植猕猴桃，但由于该处用地多为坡地、山地，难以形成大规模种植，因此所获效益不高。

经过几年的实践探索，目前，该家庭农场形成了"农庄＋基地"的创新经营模式，即以农场为主体，实行多种类、小规模种植，并在各地、各区域成立农业基地——实现与该地特色农产品的对接。其经营模式的优势在于，多种类种植可以达到产品的多元化，更好地满足消费者需求，获得更高的盈利。小规模种植可以分散经营风险，若某种产品的投入产出比较高，就可以及时地转移投资，尽量将损失控制在最小范围。同时，也能引进最适合农场土地种植的产品，提高土地利用率。各农业基地的大规模种植更具专业性，因此，与其签订供应协议，以基地的产品作为供应主体，农场的产品只作为对客户的展示，再以博览会的形式予以推广宣传。

近年来，该家庭农场在"农庄＋基地"经营模式的基础上，开始逐步走向三产融合发展道路，开展生态种植、生态养殖、水果蔬菜采摘、生态餐厅、生态农业观光、文化旅游等多种经营。该农场主计划未来将以农业为根基，三产融合带动发展，在积累一定的资金、技术等要素之后，会计划推出康养、医疗等项目，从而实现更高层次上的多元化整体经营。

（2）与农科院签订合同

与农科院的长期合作是该家庭农场的最大优势。一方面，农科院在农场中设立试验田，通过指导种植、施肥等，摸清土地属性，选出最适合该地生产的农产品。另一方面，提供农业技术支撑，尤其体现在对发展立体农业的支持上。目前，发展立体农业的模式大致为：在玉米地上种植水果，地下栽培食用菌，同时利用产生的农业废料如玉米梗、饲草等进行猪与土鸡的喂养。在农科院专业技术人员的指导帮助下，该农场立体农业的发展正逐步推进，以实现循环经济。

（3）成立书画院、写生基地，与高校形成战略联盟

负责人表示，由于党的十九大提出农村发展的核心观点是"农村美、农民富、农业强"，因此，该家庭农场紧跟理念，以"农村美"为首要目标，积极打造田园生态环境，发展文旅产业。目前，田园书画院已成立，现已与一些高校形成战略联盟，成立

了写生基地。

书画院、写生基地的设立，一方面可以打造专属于该家庭农场的独特文化，形成品牌声誉；另一方面，人流量的增多，可以拉动餐厅、住宿等需求，实现三产融合发展。

3. 发展的制约因素

（1）农业投资周期长，回报慢

该家庭农场成立至今已有十年，但还未实现盈利，目前的收入仅能维持日常的运营。由于农业的投资周期较长、回报较慢，发展单一产品的种植或养殖，难以达到大规模经营，获得盈利。也正是基于该原因，三产融合发展是未来发展的必然选择，也是未来农业发展的现代化之路。

（2）资金缺乏

当前，该家庭农场的资金来源主要为自有资金，远不足以支持未来的进一步扩大发展，因此目前面临的最大问题就是资金缺乏。

一方面，农业贷款难，渠道少。首先，由于农业没有任何可以抵押的物品，信用额度较低；其次，农业生产受自然灾害影响较大，固定资产不多，涉农贷款的风险高；最后，涉农贷款一般单笔金额小，回报率也较低。因此，大多数银行和金融机构不倾向于直接对农场贷款。另一方面，财政支农比例低，支持力度不大。

（3）基础设施建设不完善

由于自有资金有限、涉农贷款难等问题造成资金的缺乏，一定程度上限制了公共基础设施的建设，同时又由于财政支农比例较低，应由财政资金解决的道路交通建设和农业人员培训等不同程度地转为由农户自己承担，影响了农业的再生产资金投入。

同时，虽然目前天府新区的公共交通、道路建设已初成规模，但还没有实现各村、镇相通，该农场附近虽设有公交站点，但班次较少、发车间隔也较长。因此，交通的不便也从一定程度上影响了公司的宣传，限制了农场的进一步发展。

（4）政策支持力度不够

在调研的过程中，该家庭农场负责人表示，土地建设用地指标的问题是当前大规模发展田园综合体的最大瓶颈，没有土地指标，不能占基本农田，田园的进一步扩大发展就会存在障碍。他认为，即使财政扶持较少，但如果政府对农村土地建设用地有较好的导向性政策，也能很好地支撑农业的发展。

4．建议

（1）推进三产融合发展

投资大、周期长、回报慢是农业的三大特点，而且后期要实现持续投入所需资金量更大，所以要促进农业转型发展，必须以家庭农场为核心加速三产交叉融合，只有形成三产融合发展的现代产业体系，才能稳定"新农人"的投资预期，实现农村美、农民富、农业强。

保持"农庄＋基地"的经营模式特色，立足农业优势产品，向深加工和生态旅游延伸，形成从特色果蔬种植到农产品深加工，再到乡村旅游、教育培训、农耕体验、文化创意、休闲观光的全产业链条。打造精品农业基地，并因地制宜建设农产品加工、文创手工作坊等加工作坊和游客接待设施，发挥品牌宣传效应，提高农产品的影响力和市场占有率，发挥"互联网＋现代农业"的引领作用，推行线上线下双线运作，为农场持续吸引游客，增加农业农村的吸引力和价值力。

（2）建立风险分担机制

家庭农场在筹集资金的过程中普遍存在"贷款难、贷款贵"的问题。由于农业经营缺乏有效抵押物，金融机构因贷款风险较大，而"惜贷"。土地承包经营权是农业经营中最具价值的资产，可由银行发放经营权抵押贷款，同时由政府为农场提供信用评级服务。地方政府也可在银行专设风险保证金、补偿金等担保基金作为后盾，建立风险分担机制。政府可以出资设立政策性农业信贷担保机构，扩大农业保险的覆盖范围，增加保险品种，提高保障水平，为农民提供更好的保障，以增强农民抵御市场风险和自然风险的能力。

政府财政支农资金的投入对农村经济的发展具有至关重要的作用。目前，政府财政支农资金的投入数量相对于农业发展的重要性和农业转型的要求是偏低的，而且财政支农资金的投入结构也存在诸多不合理的地方，所以要想解决新型经营主体的资金困境，推动农业转型升级，实现乡村振兴，就必须继续加大农业基本建设的投资力度，增加对农业科研和推广的投资，建立完善的财政支农资金稳定投入增长机制。

（3）完善基础设施建设

无论是发展产业还是进行生态环境治理，都应当从基础设施建设入手。当前农村发展主要依赖种养殖来获取收入，但受交通、网络、技术等因素影响，缺少市场信息少、销售渠道，经济效益不明显。只有实现交通便利、网络覆盖、农业人员培训等，才能实现真正的三产融合。

立足天府新区得天独厚的资源禀赋和区位优势，抢抓成都旅游业快速发展的机遇，政府应进一步加快当地的基础设施建设，完善各项基础配套设施的服务功能。

（4）加大政策支持力度

政府要以"农村美、农民富、农业强"为发展思路，以现代生态农业为发展方向，以家庭农场为载体，为农业的发展提供政策、土地、资金、人才、技术等支持。出台与天府新区建设相匹配的招商政策，完善生态农业准入机制；优化都市农业扶持政策，加大对家庭农场的培育扶持力度；落实都市农业项目用地政策，解决产业设施用地、集体建设用地的制约问题；创新农业农村投融资机制，加大农业技术支撑和推广力度，实现经济、社会、生态效益的有机统一。

参考文献

[1] 高强，刘同山，孔祥智．家庭农场的制度解析：特征、发生机制与效应［J］．经济学家，2013（6）：48.

[2] 黄新建，姜睿清，付传明．以家庭农场为主体的土地适度规模经营研究［J］．求实，2013（6）：94－96.

[3] 郭庆海．新型农业经营主体功能定位及成长的制度供给［J］.中国农村经济，2013（4）：4－11.

[4] 赵维清．家庭农场的内涵及培育机制分析［J］．农业经济，2014（11）：73－75.

[5] 朱启臻，胡鹏辉，许汉泽．论家庭农场：优势、条件与规模［J］.农业经济问题，2014，35（7）：11－17，110.

[6] 何劲，熊学萍．家庭农场绩效评价：制度安排抑或环境相容［J］.改革，2014（8）：100－103.

[7] 陈永富，曾铮，王玲娜．家庭农场发展的影响因素分析——基于浙江省13个县、区家庭农场发展现状的调查［J］．农业经济，2014（1）：3－6.

[8] 张茜，徐勇，郭恒，等．家庭农场发展的影响因素及对策——基于SWOT模型的实证研究［J］．西北农林科技大学学报（社会科学版），2015，15（2）：140－145.

[9] 孔令成，郑少锋．家庭农场的经营效率及适度规模——基于松江模式的DEA模型分析［J］．西北农林科技大学学报（社会科学版），2016，16（5）：107－118.

［10］蔡颖萍，杜志雄. 家庭农场生产行为的生态自觉性及其影响因素分析——基于全国家庭农场监测数据的实证检验［J］.中国农村经济，2016（12）：33－45.

［11］陈楠，王晓笛. 家庭农场发展环境因素及优化对策［J］. 经济纵横，2017（2）：99－103.

［12］房慧玲. 发展家庭农场是中国农业走向现代化的最现实选择［J］. 南方农村，1999（2）：19－20.

［13］汪威毅，李在永. 建立现代农业生产经营组织模式，提高农业组织效率［J］. 山西财经大学学报，2001（1）：40－43.

［14］张敬瑞. 家庭农场是我国农业现代化最适合的组织形式［J］.乡镇经济，2003（9）：18－19.

［15］伍开群. 家庭农场的理论分析［J］. 经济纵横，2013（6）：65－69.

［16］郭亮，刘洋. 农业商品化与家庭农场的功能定位——兼与不同新型农业经营主体的比较［J］. 西北农林科技大学学报（社会科学版），2015，15（4）：87－91，128.

［17］王爽爽，许爱萍. 我国家庭农场发展初期的主要问题诊断及渐成路径［J］. 农业经济，2016（1）：16－18.

［18］匡新华，罗列，徐爱琴，等. 家庭农场对现代农业的促进作用及发展对策［J］. 现代农业科技，2016（7）：327.

［19］屈学书. 我国家庭农场发展的动因分析［J］. 农业技术经济，2016（6）：106－112.

［20］彭万勇，金盛. 农业供给侧结构性改革背景下家庭农场农业技术外包精准扶贫研究［J］. 江苏农业科学，2017，45（19）:25－28.

［21］何劲，熊学萍，宋金田. 国外家庭农场模式比较与我国发展路径选择［J］. 经济纵横，2014（8）：103－106.

[22] 郭家栋. 中国家庭农场典型模式的比较研究 [J]. 学习论坛，2017，33（7）：38−44.

[23] 刘倩. 共生视角下我国家庭农场经营模式的选择 [J]. 台湾农业探索，2014（6）：31−36.

[24] 岳正华，杨建利. 我国发展家庭农场的现状和问题及政策建议 [J]. 农业现代化研究，2013，34（4）：420−424.

[25] 范传棋，谭静，雷俊忠. 培育发展家庭农场的若干思考 [J]. 农村经济，2013（8）：91−93.

[26] 王建华，李俏. 我国家庭农场发育的动力与困境及其可持续发展机制构建 [J]. 农业现代化研究，2013，34（5）：552−555.

[27] 楚国良. 新形势下中国家庭农场发展的现状、问题及对策研究 [J]. 粮食科技与经济，2013，38（3）：22−23，26.

[28] 王春来. 发展家庭农场的三个关键问题探讨 [J]. 农业经济问题，2014，35（1）：46−48.

[29] 傅爱民，王国安. 论我国家庭农场的培育机制 [J]. 农场经济管理，2007（01）：14−16.

[30] 董亚珍，鲍海军. 家庭农场将成为中国农业微观组织的重要形式 [J]. 社会科学战线，2009（10）：95−98.

[31] 高强，刘同山，孔祥智. 家庭农场的制度解析：特征、发生机制与效应 [J]. 经济学家，2013（6）：49−52.

[32] 丁静，杨扬，王若雪. 我国西部地区家庭农场可持续发展探讨：以成都为例 [J]. 农村经济，2017（12）：6−10.

[33] 何大明. 以色列家庭农场及对中国的启迪 [J]. 周口师范高等专科学校学报，1999（3）：69−73.

[34] 刘玉满，李静. 荷兰以家庭农场为基础发展现代奶业 [J]. 中国农村经济，2005（9）：71−77.

[35] 徐会苹. 德国家庭农场发展对中国发展家庭农场的启

示 [J].河南师范大学学报（哲学社会科学版），2013，40（4）:70-73.

[36] 肖卫东，杜志雄．家庭农场发展的荷兰样本：经营特征与制度实践 [J]．中国农村经济，2015（2）：83-96.

[37] Raup P M. Family farming: Rhetoric and reality [D]. Minnesota: University of Minnesota，1986.

[38] Gasson R，Errington A J. The farm family business [M]. UK: CAB International Wallingford Oxon，1993.

[39] Sarah K L，Jakob S，Terri R. The number，size，and distribution of farms，smallholder farms，and family farms worldwide [J]. World Development，2016，87: 16-29.

[40] 张予，林惠凤，李文华．生态农业：农村经济可持续发展的重要途径 [J]．农村经济，2015（7）：95-99.

[41] 骆世明．农业生态转型态势与中国生态农业建设路径 [J]．中国生态农业学报，2017，25（1）：1-7.

[42] 王洋，李东波，齐晓宁．现代农业与生态农业的特征分析 [J]．农业系统科学与综合研究，2006（2）：157-160.

[43] 张晓丽．论我国生态农业的发展特征及模式选择 [J]．中国集体经济，2010（16）：20-21.

[44] 杨承训，仉建涛．高端生态农业论：探研中国农业现代化前景 [M]．北京：社会科学文献出版社，2015.

[45] 张壬午，计文瑛，徐静．论生态农业模式设计 [J]．生态农业研究，1997（3）：3-7.

[46] 李新平，黄进勇，马琨，等．生态农业模式研究及模式建设建议 [J]．中国生态农业学报，2001（3）：87-89.

[47] 张燕．我国发展生态农业的保障制度研究 [J]．农村经济，2010（5）：102-105.

［48］骆世明. 论生态农业的技术体系 ［J］. 中国生态农业学报，
2010，18（3）：453-457.

［49］刘朋虎，郑祥州，张伟利，等. 现代生态农业产业体系构
建与发展对策思考 ［J］. 福建农业学报，2015，30（1）：
85-89.

［50］蔡军，王彬彬. 我国生态农业经营模式创新 ［J］. 农村经
济，2016（8）：35-39.

［51］翁伯琦，赵雅静，张伟利，等. 农业生态文明建设与绿色
家庭农场经营 ［J］. 福建农林大学学报（哲学社会科学
版），2014，17（3）：1-5.

［52］李新民. 环境同步理念下的现代生态农业建设 ［J］. 人民
论坛，2015（7）：72.

［53］陈阜. 农业生态学 ［M］. 北京：中国农业大学出版
社，2002.

［54］梁志超. 国外绿色食品发展的历程、现状及趋势 ［J］. 世
界农业，2002（1）：10-12.

［55］Lubieniechi S A. Romanian consumers' behaviour regard-
ing，organic food ［J］. british food journal，2002，104
（3/4/5）：337-344.

［56］Fabio C. Ecological agriculture：Human and social con-
text ［J］. Sustainable Development and Environmental
Management，2008，415-429.

［57］约翰·梅尔. 农业经济发展学 ［M］. 何宝玉，王华，张进
选，译. 北京：农村读物出版社，1988.

［58］Jana N，Alena D，L'udmila N，et al. Ecological farming
in slovakia and its regional disparities ［J］. European Cou-
ntryside，2017，9（4）：746-768.

［59］John W D. Soil health and global sustainability：Translating science into practice [J]. Agriculture Ecosystems & Environment，2002，88 (2)：119-127.

[60] Thrupp L A. Linking agricultural biodiversity and food security：the valuable role of agrobiodiversity for sustainable agriculture [J]. International Affairs，2000，76 (2)：265-281.

[61] Marshall E J P. Introducing field margin ecology in europe [J]. Agriculture Ecosystems & Environment，2002，89 (1)：1-4.

[62] 侯世忠，张志民，孙玉红，等. 关于实施种养结合促进家庭生态农场发展的意见 [J]. 黑龙江畜牧兽医 (下半月)，2014 (18)：22-24.

[63] 宣雄智，唐蓉，陈军，等. 生态观光体验型家庭农场的循环农业模式研究 [J]. 安徽农业科学，2015，43 (35)：79-80，83.

[64] 唐丽辉. 宁远县"家庭农场"生态养殖模式的构建 [J]. 当代畜牧，2017 (27)：57-58.

[65] 杨丽，魏洁. 适应新形势发展现代生态农业——记山西省曲沃县旺顺种养结合家庭农场 [J]. 农技服务，2017，34 (16)：126.

[66] 胡光志，陈雪. 以家庭农场发展我国生态农业的法律对策探讨 [J]. 中国软科学，2015 (2)：13-21.

[67] 胡旺存，秦军. 安徽省生态家庭农场发展策略研究——基于台湾地区的经验 [J]. 滁州学院学报，2017，19 (3)：34-37.

[68] 陈雪. 农户与生态农业发展有机衔接的路径分析 [J]. 四川行政学院学报，2017 (6)：79-82.

[69] 翁伯琦. 发展现代生态农业要实现新跨越 [N]. 福建科技

报，2011-09-21（B01）.

[70] 杨朝阳. 四川打造新型农业经营主体［N］. 中国食品报，2018-02-09（002）.

[71] 方志权，张晨，楼建丽，等. 上海松江家庭农场十年发展跟踪研究［J］. 科学发展，2017（11）：66-70.

[72] 张业辉. 宣城市家庭农场发展现状及对策建议［J］. 安徽农学通报，2013，19（24）：7-8.

[73] 杨为民，李捷理，蒲应龚，等. 美国家庭农场可持续发展对中国的启示［J］. 世界农业，2013（12）：134-137.

[74] 谢玉梅，关新. 家庭农场发展研究综述［J］. 安徽农业科学，2015，43（27）：328-331，334.

[75] 杜志雄，肖卫东. 家庭农场发展的实际状态与政策支持：观照国际经验［J］. 改革，2014（6）：39-51.

[76] 丁忠民，雷俐，刘洋. 发达国家家庭农场发展模式比较与借鉴［J］. 西部论坛，2016，26（2）：56-64.

[77] 陈丹，唐茂华. 家庭农场发展的国际经验及其借鉴［J］. 湖北社会科学，2015（4）：78-82.

[78] 滕明雨，张磊，李敏. 成长经验视角下的中外家庭农场发展研究［J］. 世界农业，2013（12）：138-144.

[79] 金攀. 法国农业机械化的发展与启示［J］. 当代农机，2013（5）：55-56.

[80] 农业部赴法国农业税费与对农民补贴制度考察团. 法国、欧盟农业补贴政策及对我国的几点启示［J］. 农村经营管理，2004（11）：45-47.

[81] 吴夏梦，何忠伟，刘芳，等. 国外家庭农场经营管理模式研究与借鉴［J］. 世界农业，2014（9）：128-133.

[82] 陈珏. 法国、印度、日本农业保险体系探析及启示［J］. 世界农业，2016（7）：188-191.

［83］陈丹，唐茂华. 家庭农场发展的国际经验及其借鉴［J］. 湖北社会科学，2015（4）：78－82.

［84］陈书娴. 法国农业教育对推进我国农民职业化的启示［J］. 中国农业教育，2013（1）：16－18.

［85］朱学新. 法国家庭农场的发展经验及其对我国的启示［J］. 农村经济，2013（11）：122－126.

［86］孟莉娟. 美国、法国、日本农业科技推广模式及其经验借鉴［J］. 世界农业，2016（2）：138－141，161.

［87］周应恒，胡凌啸，严斌剑. 农业经营主体和经营规模演化的国际经验分析［J］. 中国农村经济，2015（9）：80－95.

［88］杜志雄，肖卫东. 家庭农场发展的实际状态与政策支持：观照国际经验［J］. 改革，2014（6）：39－51.

［89］吴珍彩. 日本家庭农场发展的特点及对中国的启示［J］. 黑龙江畜牧兽医，2015（18）：4－7.

［90］陈晓乐. 全生产要素配置下日本现代化农业的发展及其启示［J］. 江苏农业科学，2015，43（8）：447－450.

［91］雷德雨，张孝德. 美国、日本农村金融支持农业现代化的经验和启示［J］. 农村金融研究，2016（5）：50－54.